굼벵이도 뒹구는 재주는 있다.

이규성

교육과학사

서문…

지난 40년간의 이야기를 한 권의 책에 담을 수는 없겠지만, 우리 내외가 지나온 길목에서 특히 아이들을 키우고 가르치며 살아온 궤적을 되밟아가면서 우리의 경험이 혹시 독자들에게 작은 도움이라도 되지 않을까 하는 마음에서 그동안 써왔던 글들과 지난 1년간 한국일보에 실렸던 글들을 한 자리에 모아보았다. 특별히 40년을 강조하는 이유는 올해 5월 6일이 우리 내외가 결혼을 한 지 꼭 40년이 되는 날이기 때문이다.

일상적인 이야기들일 수도 있고 그럴듯한 이야기도 있을 테지만 그런저런 이야기들이 모두 우리의 삶 속에 녹아 있는 것들이어서 있는 그대로 읽을 수 있도록 꾸몄기 때문에 편한 마음으로 읽어나가다 보면 "자녀교육이란 이런 것이로구나!" 하는 생각이 들 수 있도록 하였다.

이 한 권의 책을 만들기까지 우리 가족들의 도움이 많이 있었다. 특히 아내의 헌신적인 내조의 힘이 컸음은 두말할 나위가 없다. 아내는 여러 해 전에 동양자수를 놓아 송학 병풍 등 여러 작품을 만들어놓고는 내게 아이들을 위해서 무엇인가를 남겨야 하지 않겠느냐는 말을 하면서 은연중에 이 책을 쓰도록 많은 자극을 주었고 또한 매번 원고를 읽어주면서 맞춤법과 글의 전개에 대한 조언을 아끼지 않았다. 삼 남매 내외의 응원과, 손자, 손녀들은 원고 끝에 넣어달라고 자기네들이 그린 그림을 모아 보내주면서 응원을 해주었다.

우리 내외를 지근(至近)에서 늘 돌보아주는 승제와 윤희, 준표와 신현 그리고 인표와 혜진에게 고마움을 표하고 싶다. 할아버지의 책에 실릴 그림을 들고 와서 나를 기쁘게 해주었던 해나, 아멘다, 진희, 충건이, 광호, 은지에게도 고맙다는 말을 꼭 전하고 싶다. 그리고 지금 한창 말 배우기로 재롱을 부리고 있는 예은이와 지난 3월에 태어난 수아(秀娥)에게 언니, 오빠들처럼 건강하고 예쁘게 자라주기를 바라는 간절한 기도를 이 책에 담아서 전하고 싶다.

Fairfax, Virginia에서 이규성

차례

PART 2 자녀의 행동 : 이렇게 해보세요

PART 3 교육수상

PART 4 이런 이야기 저런 이야기

PART 1

부모의 마음

지능... 그게 좋아질 수 있나?

자녀의 "머리"에 관한 한 부모들의 관심은 말할 수 없이 크고 예민하기 마련이다. "머리"는 "타고나는 능력"이라고 믿고 있어서 스스로 켕기는 부분도 있거니와 "공부와 성적"에 영향을 미치고 궁극적으로는 "출세"에 영향을 미칠 수 있다고 보기 때문이다. 심리학이나 교육학에서는 이를 "지적 능력지능"이라고 하며 이에 대한 정의는 학자에 따라서 그리고 학문적 배경에 따라서 다르다. 그러므로 이를 일률적으로 말하기는 어렵다는 게 학자들의 입장이다. 그 주된 이유는 "지능"이라는 것 자체가 추상적이어서 딱 부러지게 "이것이 지능이다."라고 말할 수가 없기 때문이다. 다만 일반적으로 받아들여지고 있는 지능에 대한 개념은 "새로운 사물, 현상에 부딪혀 그 의미를 이해하고 처리방법을 알아내는 지적활동 능력"이라는 것이다.

그런데 문제는 이러한 지적활동 능력지능이 유전적 요인에 의해 결정되는 것이냐 아니면 환경적 요인에 의해서 결정되는 것이냐 하는 것과, 이 능력이 "좋아질 수 있느냐?" 하는 것이다.

이러한 문제를 놓고 심리학자와 교육학자는 물론 뇌를 연구하는 많은 학자가 다양한 연구결과를 내놓고 있는데 이들 연구결과의 대체적인 결론은 지능은 유전과 환경 간의 상호작용으로 결정되며 몇 가지 환경적 요소가 갖추어진다면 "좋아질 수 있다."는 것이다.

그러나 지능이 아무리 좋아질 수 있다고 해도 유전요인 부분은 어찌할 수 없는 영역임을 잊지 말아야 한다. 아무리 발달한 현대의술이나 첨단기기가 진陣을 치고 있다 해도 인간의 힘이 미치지 못하는 영역이기 때문이다. 따라서 인간인 우리가 할 수 있는 일이란 바람직한 환경을 마련해주는 등 제한된 영역에서의 일 밖엔 없다는 점을 간과해서는 안 된다.

지능을 좋아지게 할 수 있는 환경이란 무엇인가?

우선, 화목한 가정환경은 지능발달에 큰 도움이 될 수 있다. 많은 학자들은 화목한 가정에서 부모의 사랑을 듬뿍 받으며 자라는 아이들은 정서적으로 안정되고 인지능력도 발달한다고 주장하고 있다. 심리적으로 편안한 가정 분위기라면 부모들의 관심은 자연스럽게 아이들에게 집중될 수 있을 것이며 이는 아이들이 자신감을 갖게 하는 중요한 요인이기 때문이다. 어린아이들은 자신이 가정에서 사랑을 받고 있다는 확신을 가지면 스스로 원하는 것을 하고자 하는 동기부여와 함께 이를 수행할 수 있는 자신감과 능력이 길러진다는 연구결과들이 이를 뒷받침하고 있다.

다양한 환경 변화는 어린아이들의 두뇌에 자극을 줄 수 있다는 점에서 중요하다. 가령 아기의 침대에 매달아 놓고 이를 쳐다볼 수 있게 만든 돌아가는 장난감은 그냥 계속 놓아두면 아기가 곧 흥미를 잃게 되어 두뇌 발달에 도움이 되지 않는다고 한다. 장난감의 색깔이나 위치, 모양 등을 자주 바꿔주는 것이 두뇌 발달에 도움이 될 수 있다는 점을 잊지 말아야 한다. 다양한 환경 변화란 멀리 있거나 돈이 들어가야 할 수 있는 것이 아니다. 부모들이 마음만 먹으면 아기의 생활주변에서 얼마든지 찾아서 환경을 변화시키는 데 활용할 수 있는 것들이 많이 있다. 이는 부모의 창의력이 요구되는 부분이기도 하다.

내 아이의 머리가 좋아질 수 있다는 가능성에 대한 믿음은 지능을 좋아지게 하는 여러 요인 중의 하나다. 이를 피그말리온 효과Pygmalion effect라고도 하는데 쉽게 풀이하면 "믿으면 믿는 대로 된다."는 것이다. 부모의 태도가 자녀의 지능발달에 영향을 미칠 수 있다는 연구결과는 새삼스러운 것이 아니다. 부모나 교사는 어린이들이 갖고 있는 발전과 성취의 가능성을 믿고 이를 인정해 주면서 작은 성취에 대해서도 칭찬과 격려를 아끼지 않아야 한다. 그러면 아이들의 머리는 "좋아질 수 있을" 것이다.

두뇌 활동에 영향을 미치는 두 가지 요인은 영양과 스트레스다. 충분한 영양섭취는 머리를 좋아지게 하는 필수적인 요소이다. 단백질과 철분이 동시에 공급되어야 뇌세포가 정상적으로 증식하게 된다는 것은 이미 과학적으로 입증된 사실이다. 이와 더불어 스트레스가 없는 쾌적한 환경, 음악, 색깔, 냄새 등은 집중력과 효율을 높이는 데 중요한 요소이다. 이 두 요소는 인간의 두뇌뿐만이 아니라 식물을 포함하여 모든 생물체의 성장과 활동에 직접적인 영향을 미친다. 쾌적한 환경에서 자라도록 주위환경을 가꾸어주고 부모와의 심리적·언어적·신체적 접촉을 통해서 마음의 안정을 얻을 수 있다면 아이들의 지능은 좋아질 수 있을 것이다.

이상에서 살펴본 내용은 지금까지 아이들의 지능을 좋아지게 할 수 있다고 알려진 많은 연구결과들 중에서 몇 가지만을 발췌한 것이다. 아이들의 인지적 발달을 위한 환경조성은 부모나 교사 그리고 사회 전체가 계속해서 가꾸어나가야 할 영역이며 부모 된 우리가 감당해야 할 책무이기도 하다.

창의력... 그게 길러지나?

지금 생각해보면 30여 년 전의 일이다. 당시만 해도 옛날이어서 그랬는지 학생들이 졸업할 때쯤이면 학과 교수들에게 선물을 주던 때가 있었다. 그해 졸업생들은 노란색의 타원형 탁상시계를 선물로 주었다. 아주 예쁘고 고급스러워서 서재를 장식하기에 딱 좋은 선물이기도 했다. 그 탁상시계를 아이들 앞에서 자랑하고 있는데 내 이야기를 듣고 있던 아들이 "아빠, 이 시계를 뜯어보고 싶어요… 시계가 어떻게 가는지 보고 싶어서요." 하는 것이었다.

아들의 말을 듣고 난 후에 나의 대답은 당연히 "안 된다."였다. 무엇이든지 귀하던 시절이라 내가 선물로 받아 온 고급스러운 탁상시계를 써보지도 못하고 "뜯어 본다"는 것은 상상할 수도 없는 일이었고, 또 뜯는다면 당연히 그 시계는 못 쓰는 것으로 알고 있었기 때문에 나의 대답은 아주 당연하였다. 옆에서 부자간의 대화를 듣고 있던 아내의 표정은 "분명히 아들의 편"이었다. 시계가 아깝고 귀하기는 해도 아이들의 호기심을 충족시켜주는 것이 교육이라는 태도를 보이고 있는 아내가 무슨 말을 할 듯 할 듯 하다가는 아빠의 체면을 생각해서인지 "그래, 아빠 말씀을 들어라… 그 시계는 누나들이 선물한 것이니까…" 하고 아들을 달래주어 사태를 마무리하는 데 큰 도움을 주었다.

사태는 마무리되었으나 내 마음은 불편했고 갈등이 일기 시작했다. 생활인으로서 아빠의 처지에서는 아이들의 호기심도 중요하지만 그 좋은 시계를 분해해 보다가 버리기라도 하면 어쩌나 하는 마음이 앞섰기 때문에 거절하기는 했으나 학생들을 가르치는 교수의 처지에서 본다면 "아니올시다."였기 때문이다. 더구나 내가 강의 시간에 학생들에게 늘 강조한 대목이 바로 새로운 것을 생각해 내는 "창의력"이었고, "아이들의 호기심"은 이를 기르는 첫 단계라고 주장하면서 "가정과 학교"가 아이들의 창의력 개발을 가로막고 있는 대표적인 곳이라는 비판에 앞장서고 있었기 때문이었다.

쉴 사이 없이 뛰어다니고 놀면서 실수도 하고 새로운 것에 대한 호기심을 충족시켜보려고 끊임없이 도전하던 어린아이들이 정규 교육과정을 거치면서 잠재된 재능은 가차 없이 억눌림을 당하고 창의성과는 점차 멀어져간다. 이른 아침부터 밤늦게까지 책걸상에 몸을 구겨 넣고 "교과서와 참고서"에 매달려 "어제"의 이야기를 "오늘"도 똑같이 듣고 외워가면서 "내일"의 대학입시를 위해 침묵을 지켜야만 한다. 이러한 교육시스템 속에서 아이들의 창의력은 짓밟히고, 얌전하고 말 잘 듣는 로봇Robot으로 성장해가게 하고 있는 것이 오늘날 우리나라 가정교육의 전형이요, 교육시스템이다. 미루어 짐작컨대 바로 이런 이유 때문에 많은 한국의 학부모들이 온갖 희생을 감수하면서도 자녀들을 선진국으로 조기 유학을 보내고 있는 것이 아닌가 하는 생각까지 들게 한다.

이제 세상은 변했다. 남들보다 공부 좀 잘한다거나 남들보다 더 열심히 하는 것도 중요하지만 그에 못지않게 이 시대가 요구하는 것은 한 개인이 저마다 가지고 있는 재능에 더해지는 창의력이다. 새로운 생각, 새로운 표현 그리고 남다른 관점이 어느 때보다도 필요한 덕목인 세상이다. 이를 위해서 "미래의 주인공"을 가르치는 사람은 어떻게 해야 하는가?

먼저, 어린이들에게 다양한 독서를 하도록 권장할 필요가 있다. 특히 어린이들의 상상력을 자극할 수 있는 동화책이나 만화책 등을 읽는 것은 창의력을 기르는 데 큰 도움을 줄 수 있다. 그리고 부모나 교사는 아이들의 창의력을 길러주려는 노력을 의도적으로 할 필요가 있다. 아주 단순한 것에서부터 복잡한 사물의 구조에 이르기까지 어린이들이 끊임없이 호기심을 일으킬 수 있도록 자극을 줄 필요가 있기 때문이다. 평범한 생활도구를 가지고도 창의력을 기르기 위한 시도를 할 수가 있다. 예컨대, “평범한 물건의 다른 용도”를 생각해보게 한다든지 또는 종이컵을 보여주며 “종이컵의 다른 용도”를 가능한 한 많이 말해 보도록 함으로써 창의적 사고를 유도하는 훈련을 시킬 수도 있다. 이처럼 우리 주변에는 창의력을 기를 수 있는 훈련 소재가 무궁무진하게 널려 있다. 아이들과 함께 낯선 곳으로 여행을 가는 것 역시 창의력을 기르는 좋은 방안이 될 수 있다. 이때 아이디어 노트를 만들어 자신의 느낌이나 생각 등을 적어놓도록 한다면 창의력을 기르는 더욱 바람직한 방법이 될 수 있을 것이다.

창의력은 아이들의 튀는 아이디어나 엉뚱한 생각 등을 바람직하지 않은 것으로 몰아붙이는 교육환경에서는 기를 펼 수가 없다. 아이들의 호기심과 궁금증, 부정확함의 원인을 알고 싶어 하는 동기에서 그리고 원리에 대한 이해의 깊이에서 나오는 것이며 이를 바탕으로 한 응용을 통해서 무럭무럭 자라나고 길러질 수 있기 때문이다.

Hannah의 그림

부모의 욕심 1

내 아이가 이렇게 자라주었으면...

부모라면 누구나 자기 아이를 잘 키우고 싶은 욕심이 있게 마련이다. 공부를 잘해서 누구나 부러워하는 일류 대학에 들어가 주었으면 하는 욕심, 혹은 운동을 잘해서 유명한 선수가 되어 많은 연봉을 받는 사람이 되었으면 하는 바람, 또는 연예계로 나가서 온 세상 사람들이 부러워할 만큼 인기 있는 연예인이 되어주기를 바라는 부모도 있을 것이다.

이런 욕심은 부모들이 자녀를 키우고 가르치는 일에 바로 영향을 미치고 있어서 자녀에게는 "행동지침"으로 내려지게 된다. 가문의 영광 재현을 들먹이는 부모도 있고 미래를 주제로 해서 겁을 주는 부모도 있을 수 있다. 아니면 “험한 세상”을 앞세워서 아이들에게 공부만이 살길이라며 스트레스를 주기도 한다.

아이들의 처지에서 보면 하루 이틀도 아니고 좀 쉴만하면 끊임없이 이어지는 “공부하라는 재촉”과 “출세에 대한 부모의 기대”에 부응하기가 힘들다 못해 지겹다. 이때쯤 되면 아이들은 부모의 좋은 말씀과 가르침을 “잔소리”로 들으면서 이를 말로 표현하기 시작하는데 문화적 차이는 이러한 분위기를 더 어지럽게 만들어 놓는다. 아이들이 가정을 떠나 유치원이나 학교에 입학하면서부터 접하게 되는 새로운 문화는 흡수력이 강한 아이들에게는 한국적 가치관과 새로운 가치관 간의 갈등을 경험하게 하고 부모는 부모대로 아이들의 그러한 상황을 이해하기가 어렵기 때문이다.

이런저런 이유 때문에 아이들은 부모가 “섭섭할 뿐”이다. 자신을 이해하고 받아주려 하지 않는 데 대한 섭섭함, 다른 집 아이들과 비교당하면서 느끼는 굴욕감, 부모의 기대에 부응하지 못하고 있다는 부담감... 등은 늘 자신을 짓누르고 있는 짐이 된다. 여기에 더해서 쉴 틈도 없이 이어지는 학교 공부는 스트레스 그 자체가 아닐 수 없다.

이런 상황에 이르게 되면 집은 부모 형제가 기다리고 있는 "즐거운 나의 집"이 아니라 될 수만 있다면 피하고 싶은 곳으로 여겨지는데 문제는 여기서부터 시작된다. 가능한 집에 들어가기보다는 밖으로 나돌려 하고 또래 친구들과 어울려서 스트레스를 풀어보려고 노력한다. 그때 또래들이란 대개가 비슷한 처지에 있는 친구들이 모여 자연스럽게 만들어진 하나의 집단이고, 이 모임을 통해서 부모의 성화에서 벗어나는 "새로운 방법"을 터득하기 마련인데 그 방법이란 것이 대개는 문제 행동으로 이어지거나 반사회적 행동으로 나타난다.

대개 이러한 과정을 거치면서 아이들은 변해가지만 욕심 많은 부모는 아직도 커다란 희망의 끈을 놓지 못하고 있어서 우리 아이만은 "아니다"라고 굳게 믿으며 자녀의 성공을 위해 잔소리의 도를 더 높여간다.

상황이 여기까지 오면 남은 문제는 아이와 담을 쌓고 지내게 되는 수밖에 없을 정도로 집안 분위기가 어두워진다. 그제야 부모들은 만나는 사람들에게 조언을 구하기도 하고 자신을 스스로 돌아보면서 반성을 하거나 아니면 상담소 등을 찾아 "우리 아이 구하기"를 시작한다. 그러나 "우리 아이가 변했다"는 데 이야기의 초점이 맞추어져 있을 뿐 부모 자신에게 문제가 있다는 생각은 전혀 하려고 들지 않는다. 다만 아이들을 위해서 "이렇게 헌신"하고 있다는 사실만을 되풀이해서 강조하고 있을 뿐이다. 그러나 부모의 희망과 욕심이 바르게 표현되어야 할 시점이 바로 이때다. 세상이 변하고 문화가 달라도 인간의 기본적인 본성은 동서양이 크게 다르지 않다. 슬프면 울고 즐거우면 웃으며 칭찬을 해주면 누구나 좋아한다.

아이들을 이해하려는 노력과 함께 이들이 겪고 있는 여러 가지 어려움과 부담감, 스트레스를 이겨낼 수 있도록 관심을 갖고 격려하며 칭찬하는 일이야말로 우리 아이들을 잘 키우고 싶은 부모들의 욕심을 채워줄 수 있는 최고의 명약이 아닐 수 없다.

부모의 욕심 2

부모의 꿈

예나 지금이나 부모들은 자녀를 키우면서 나름대로 커다란 꿈과 욕심을 가지고 있다. 아이들을 통해서 자신이 이루지 못한 꿈을 이루어보려는 사람도 있고 혹은 훌륭하게 키워서 이 사회와 국가에 공헌할 수 있는 인재로 키우고 싶은 고상한 욕심을 가진 부모도 있을 수 있으나 대개는 자식의 출세에 초점이 맞추어져 있음을 부인하기 어렵다.

이러한 부모들의 욕심은 자연스럽게 자녀의 양육방법으로 이어지게 마련인데 부모의 가치관이나 기대 또는 욕심의 정도에 따라서 다양한 형태로 나타난다. 한석봉 어머니의 가

래떡 써는 이야기라든지 집을 세 번씩이나 이사하면서 아들을 훌륭하게 키운 맹자 어머니의 이야기 그리고 헬렌 켈러가 장애를 극복하고 훌륭하게 자랄 수 있도록 가르친 어머니와 설리반 선생님의 이야기 등은 고전적인 방법이기는 하나 아직도 우리가 귀담아듣고 배워야 할 점이 많다. 이런 이야기책에 나오는 교육방법의 특징은 자식들이 스스로 알아서 잘할 수 있을 것이라는 믿음을 가지고 뒤에서 조용히 바라보며 기다렸다는 데 있다.

하지만 요즈음 부모는 아이들을 믿고 기대하는 것이 아니라 앞에서 끌고 뒤에서 밀어대는 것을 훌륭한 부모의 모델로 삼고 있는 듯하다. 이런 방법의 특징은 아이들의 의사나 능력 또는 적성 등과는 상관없이 공부는 물론 아이들과 관련된 모든 것을 부모가 알아서 계획하고 실행한다는 데 있다. "아무개도 과외를 한다는데" 혹은 "우리 아이만 놀릴 수 없어서" 또는 "이 과목 점수가 안 나와서" 등의 이유로 과외수업을 시키는 바람에 아이들은 학교에서 집으로 돌아와 숙제를 마치고 나면 그 시간부터 엄마가 짜놓은 시간 계획에 따라 이곳 저곳으로 찾아다니며 공부하기에 바쁘다. 태권도장에서 피아노 교습소로 미술학원으로 다시 바이올린 교습소로 그리고 "점수가 잘

안 나오는 특정한 과목"에 대한 개인 교습 등에 이르기까지 다양한 방과 후 프로그램은 어린아이를 피곤하게 만든다.

피곤하고 답답하기는 엄마도 마찬가지다. 물심양면으로 아이의 미래를 위해 투자를 하기는 하는데 눈에 보이는 결과는 바로 나타나지 않는 데다가 힘들어하는 아이를 달래고 그래도 안 되면 싸움을 해서라도 보내야 하니 몸과 마음이 두루 편하지 않기 때문이다.

조금만 더하면 꼭 이루어질 것 같은 엄마의 꿈과 욕심은 아이들 곁에서 잠시도 떠나지를 못하게 한다. 이런 엄마들은 모든 시간계획이 아이들 중심으로 짜여 있어서 늘 아이들 주위를 맴돌고 있다. 그래서 생겨난 말이 "헬리콥터 맘"이고 아이가 필요로 하면 언제, 어디서나, 어디라도 달려갈 수 있도록 항상 준비된 상태로 대기하고 있다 해서 생겨난 말이 "911 맘"이다.

자기 아이들이 공부 잘하고 좋은 학교를 졸업한 후에 사회에 진출해 제 몫을 다해주기를 바라는 부모의 희망과 꿈 그리고 욕심은 정도의 차이는 있으나 부모라면 누구나 할 것 없이 대부분이 같다. 그러나 그 일만은 밀어붙인다고 될 일이 아니고 등 떠민다고 이룰 수 있는 일도 아니다.

내 아이의 능력과 적성을 이해하여 아이들 스스로 즐거운 마음으로 공부할 수 있도록 동기를 부여하고 이에 알맞은 환경을 조성해주는 것이 부모가 해야 할 일이며 꿈을 이루는 길이기도 하다.

충건이의 그림

부모교육 : 건강한 사회의 힘

부모의 욕심은 비단 공부에만 있는 것이 아니라 행동에도 큰 비중을 두고 있어서 아이들에게 몸가짐을 이야기할 때마다 "집에서 새는 바가지가 밖이라고 안 새겠느냐."라고 하거나 "조상 욕 먹인다."라는 어른들의 말씀을 꺼내 들고 조심을 시킨다. 이렇게 조심을 시키는 속뜻은 집에서 하던 버릇이 남 앞이라고 해서 안 나오는 것은 아니기 때문이다. 그러면 당연히 "가정교육"을 들먹이면서 부모를 나무라게 되는데 그게 바로 조상을 욕되게 하는 일이 되니 이를 명심하여 늘 바르게 말하고 행동해서 자신의 몸가짐이 집 안팎에서 남들로 하여금 눈살을 찌푸리게 하는 일이 없도록 조심하라는 뜻이다.

그러나 "어제의 환경"에 익숙한 부모세대와 "오늘의 환경" 속에서 자란 아이들의 행동에 대한 생각은 다를 수밖에 없다. 특히 문화와 풍속이 다른 곳에서 자라난 아이들일수록 부모의 생각과는 다른 면을 보이는 경우가 많은데 예법이나 언어, 몸가짐이 그렇고 어른을 대하는 태도 역시 부모세대의 기대와는 거리가 있다. 아이들의 행동이나 몸가짐이 가정교육을 통해서 자연스럽게 이루어진다고는 하나 시대적 상황이나 문화의 영향에서 벗어날 수는 없기 때문이다.

이런저런 걱정거리들은 늘 부모의 마음을 무겁게 짓누르고 있지만, 딱히 속 시원한 방법은 찾을 길이 없어 보인다. 그렇다고 해서 아이들의 행동을 그대로 받아들이자니 거부감이 일고 일일이 지적하면서 고치라고 말하기에는 여러 가지 환경조건이나 시기 등이 너무 늦어서 가슴앓이만 하는 수밖에는 없다. 특히 이민 사회에서는 이 사회에 잘 적응해나가고 있는 아이들에게 변화를 요구하기보다는 부모가 이를 수용하고 받아들여서 부모와 자녀의 세대 간에 일어날 수 있는 문제들을 사전에 예방하는 방법이 바람직할 것이다. 이를 위해서 부모들에게 새로운 문화와 환경에 대한 적절한 교육을 실시하여 자라나는 아이들을 이해하게 하려는 노력이 요구된다.

부모가 자녀교육의 모델이라고는 하지만 바쁜 삶에 차분하게 앉아서 아이들과 대화하며 예절이나 행동지도를 하기에는 여러 가지 여건이 적절치 못한 상황이라면, 이를 대신할 수 있는 기관에서 부모들에게 자녀의 "문화"를 이해하고 "행동"을 지도할 수 있도록 교육과 정보를 제공해주는 일이야말로 이 사회를 위해서 뿐만이 아니라 우리의 가정을 위해서도 바람직한 방법이 아닐 수 없다. 이러한 부모교육에 적극 참여함으로써 내 자녀뿐만 아니라 이웃의 젊은이들까지도 좀 더 바르게 이해할 수 있고, 그런 이해를 바탕으로 이들을 격려해줌으로써 자녀에게는 심리적 안정감과 자신감을 심어주고 부모들에게는 걱정과 근심을 덜어주는 계기를 마련해주는 것이 이 사회를 건강하고 아름답게 가꾸어나가는 힘이 될 수 있을 것이다.

부모의 태도와 자녀교육

부모가 가지고 있는 태도와 가치관이 자녀의 교육에 중대한 영향을 미치고 있다는 사실은 어쩌면 당연한 일인지 모른다. 특히 자녀에 대한 부모의 태도는 그 중요성을 아무리 강조해도 지나치지 않을 정도다.

자녀에 대한 부모의 태도와 관련하여 우리가 참고해 볼 만한 그리스 신화와 현장연구 결과가 있다. 우선 그리스 신화에 연유하고 있는 피그말리온 효과부터 알아보자. 로젠탈 효과 또는 자성적 예언이라고도 하는 이 말은 그리스 신화에 나오는 조각가 피그말리온의 이름에서 유래한 심리학 용어이다. 조각가였던 그는 아름다운 여인상을 조각하고는 그 여인과 사랑에 빠지게 되었는데 이를 본 사랑의 여신 아프로디테가 그의 사랑에 감동하여 여인상에 생명을 불어넣어 주었다는 이야기로, 타인의 관심과 기대 때문에 결과가 좋아지는 현상을 말한다. 심리학에서는 타인이 나를 인정하고 존중해주면서 나에게 기대하는 것이 있으면 그 기대에 부응하는 쪽으로 변하려는 동기가 부여되어 그렇게 된다는 것을 의미한다.

피그말리온 효과에 대한 현장실험 연구로는 1964년 봄에 샌프란시스코의 한 초등학교에서 돌발성 학습능력 검사라는 지능검사를 매개로 시행한 사례가 있었다. 학급담임 교사에게는 몇 달간에 학업성적이 오르는 학생을 산출하기 위한 조사라고만 간단하게 설명했다. 그러나 실제로 검사 자체는 아무런 의미가 없었고, 연구자는 조사의 결과와 상관없이 무작위로 뽑은 대상 아동들의 명단을 담임교사에게 보여주면서 이 명단에 들어 있는 학생들은 앞으로 몇 달내에 성적이 향상될 것이라고 알려주었다. 그 후, 담임교사는 대상 학생들의 성적이 향상될 것이라는 기대를 하게 되었고, 확실히 대상 학생들의 성적은 향상되었다. 학급 담임의 대상 학생들에 대한 기대가 성적 향상의 원인이 되었다고 생각할 수 있으며, 학생들이 담임교사의 기대를 의식하고 있었기 때문에 성적이 향상된 것이라고 해석할 수 있다.

위에서 살펴본 두 가지 이야기에서 우리가 유추할 수 있는 것은 부모가 자녀의 가능성을 믿고 바르게 자라 이 사회에 쓸모 있는 사람으로 성장할 수 있다는 기대를 하고 있고 그러한 부모의 기대를 자녀가 인지할 수 있다면, 자녀는 부모의 기대에 부응하기 위해 온 힘을 기울일 것이라는 믿음이다.

그러나 요즈음의 부모들은 자녀가 가지고 있는 가능성을 믿지 않고 오히려 자녀가 "엄마"의 능력을 믿고 의지하기 때문에 엄마들 스스로 은연중에 자녀의 기대에 부응하는 행동을 하고 있는 것이 사실이다. 엄마가 필요로 하는 모든 것들을 해결해주려 하기 때문에 아이들에게는 스스로 하려는 의지나 동기부여가 되지 않고 있다. 마치 어미 제비가 새끼 제비를 기르는 장면을 연상하게 한다.

어미 제비는 알에서 부화한 새끼 제비들을 안전하게 둥지에 모아놓고 먹이를 물어다가 입에서 침을 발라가며 다져서 새끼의 입에 넣어준다. 새끼 제비는 둥지에 앉아서 어미 제비가 물어 오는 먹이를 기다리기만 한다. 당연한 귀결이겠지만 부모 제비에게 문제가 생기거나 또는 새끼 제비가 둥지를 벗어나면 죽는 수밖에 다른 방법이 없다. 반면 닭이나 오리 등은 이와는 전혀 다른 방법으로 병아리를 키운다. 어미 닭은 알이 부화한 즉시 병아리들을 데리고 먹이가 있는 곳으로 가서 자연스럽게 먹이를 찾아 먹는 시범을 보여주면서 스스로 먹을 것을 찾아 먹도록 가르친다.

닭이라고 해서 병아리가 걱정되지 않는 것은 아니지만 스스로 생존할 수 있다는 본능적 능력을 믿고 병아리 주변을 서성이면서 기대의 눈빛만 보낼 뿐이다. 어미 닭의 역할이란 병아리들 주변에서 사방을 둘러보며 위험한 곳으로 가지 못하게 하거나 위험한 대상으로부터 이들을 보호하면서 묵묵히 "시범"을 보이는 일이다. 이렇게 자신의 힘으로 자라난 병아리는 어떤 환경에 갖다 놓아도 생존에는 아무런 문제가 없음은 말할 필요가 없다.

제비 같은 부모가 되는 것이 바람직한지 닭과 같은 부모가 되는 것이 옳은 것인지는 독자들이 판단하고 결정할 문제이지만 아이들은 누구나 스스로 자신을 일으킬 수 있는 능력이 있으며 부모 된 도리는 그 능력을 굳게 믿고 그렇게 되리라고 기대하면서 격려와 인정 그리고 칭찬을 보내는 일일 것이다. 미물인 닭이 만물의 영장이라고 자처하는 인간에게 부모의 태도가 어떠해야 하는가에 대해서 "무언의 가르침"을 주고 있다.

조기早期 교육인가 적기適期 교육인가?

오스트리아의 한 시골 마을에서 갓 태어난 회색기러기가 알에서 부화되어 세상 밖으로 나오면서 처음 본 사물을 마치 제 어미로 생각하듯 졸졸 따라다니는 것을 관찰한 사람이 있었다. 그 사람은 이를 이상하게 생각하고 여러 번 반복해서 실험하고 난 후 이런 현상을 다시 확인하고는 이를 "각인刻印 : imprinting 현상"이라고 명명하였다. 이 사람이 바로 비교행동학자인 LorenzKonrad Z이다. 각인刻印이란 학습현상의 일종으로 동물이 어느 특정한 시기에 인지한 사실이 짧은 시간 안에 기억되어 장시간 지속하는 현상을 말하는 것으로서 상식적 수준에서는 "새겨 넣는다imprinting" 정도로 해석할 수 있을 것이다. 이러한 각인현상에서 영감을 얻은 영화감독 Carroll Ballard1996는 "아름다운 비행Fly Away Home"이란 제목의 영화를 만들기도 했다.

각인현상imprinting에서 우리가 주목해야 할 부분은 "각인刻印현상이 일어나는 결정적 순간Critical period"이다. Lorenz의 실험에서 회색기러기들은 알에서 부화된 "순간"에 본 움직이는 물체를 자기 엄마로 인식하게 되는데 인간의 경우는 어떨까? 갓 태어난 아기들에게서 학습현상이 일어나는 "결정적 순간"을 정확하게 알 수만 있다면 우리 사회에서 논란이 되고 있는 조기교육의 문제는 사라져버릴 테지만, 그러나 불행하게도 아직 그 순간이나 시기를 밝혀냈다는 연구 결과 보고서가 없으니 아직도 그리고 앞으로도 조기교육早期教育에 관한 논의가 더 있어야 할 것 같다.

그렇다면, 우리가 말하는 조기교육早期教育이란 무엇인가?

단순하게 말하자면 교육을 "일찍 시킨다"는 의미로 쓰이고 있지만 원래 이상적인 교육이란 일찍 시키는 것이 아니라 아이들의 잠재능력을 100% 발휘할 수 있도록 동기를 부여하는 것이라고 할 수 있다. 그런데 이 잠재능력에는 체감의 법칙이 있어서 5세 때에는 80%, 10세 때에는 60% 그리고 15세 때에는 40%로 감소하게 된다. 그러므로 조기교육早期教育은 이 능력이 가장 높은 때를 놓치지 않고 교육하는 것이 잠재능력의 개발은 물론 교육 효과도 높일 수 있다는 연구결과에 근거를 두고 있다.

실제로 지난 1982년에 일본 센다이의 히로 유치원, 이바라기 현縣의 다가바 보육원 그리고 후쿠오카의 시이노미 학원에서 이 법칙이 실증되었다는 보고가 있었다. 특히 시이노미 학원에서는 정신박약아만을 맡아서 교육하고 있는데 3세부터 철저한 언어훈련을 통해 교육하면 보통어린이와 같이 성장하는 반면 4세부터 시작하면 언어훈련이 힘이 들고 5세부터 언어훈련을 시작하면 효과가 거의 없는 것으로 나타났다고 보고하였다. 훈련 시기와 관련된 연구결과도 있다. 병아리들에게는 독특한 잠재능력이 있는데, 알에서 부화한 후 4일이 지나도록 이 능력이 발휘되지 않으면 이 병아리는 어미 닭을 쫓아다니지 않게 된다고 한다. 따라서 병아리가 부화한 후 나흘 동안 어미 닭과 함께 두지 않으면 그 병아리는 어미 닭을 "소 닭보듯" 한다는 사실을 밝혔다.

이처럼 교육에는 "때"가 있는 법이다. Scammer의 성장 곡선에 따르면 인간의 경우, 출생 직후에 급격하게 발달하는 부분은 머리로 3세가 될 때까지 70%에서 80%까지 이르고 6세경에는 90% 성장을 한다고 보고하였다. 따라서 잠재능력 체감의 법칙과 Scammer의 성장곡선을 바탕으로 해서 본다면 조기교육에서 가장 중요하게 생각해야 할 것은 "조기에 머리교육두뇌교육"이 필요하다는 것임을 알 수 있다. 그러나 조기 머리두뇌교육이 중요하다는 것을 알게 된 엄마들이 "중요한 만큼 빨리"해야 된다는 조급하고 불안한 마음에 자녀의 준비 정도와 수준에 맞는 공부가 아니라 무작정 앞서 가는 공부에 매달리도록 하다 보니 엄마는 답답하고 아이는 캄캄할 뿐이다. 당연한 결과지만 현재의 조기교육은 부모의 심리적 만족감을 충족시킬 수는 있을지언정 학생의 눈으로 본다면 온갖 부작용을 낳는 악순환의 출발점에 불과하다.

임진년 새해가 다가온다. 남들보다 한시라도 빨리 해야 앞설 수 있다는 강박적 사고 때문에 조기교육早期教育을 위해서 일각一刻이 여삼추如三秋로 기다리는 부모도 있을 것이고 적기교육適期教育을 위해서 아이의 잠재능력을 살펴가며 느리기는 하지만 적절한 시기를 찾고 있을 현명한 엄마들의 분주한 움직임도 눈에 선하다. 부모가 마음을 비우고 선택의 기준을 아이에게 맞출 때 비로소 "학교가 즐겁고 공부하는 것이 재미있다."는 소리가 아이들의 입에서 나올 것이다.

맹모孟母 단기지교斷機之敎

교육에서 환경의 중요성을 강조하는 말로 맹모삼천지교孟母三遷之敎만큼 핵심을 찌르는 표현도 찾아보기 어렵다. 환경이야말로 교육의 성패를 가르는 중요한 요인 중의 하나라는 인식 때문에 내 아들, 딸만큼은 될 수 있으면 좋은 환경을 갖추고 있는 곳에서 교육을 하고 싶어 능력이 있거나 힘이 있는 부모들은 앞뒤 가리지 않고 아이들을 강남으로 혹은 외국으로 보낸다. 한국에서는 이런 부모일수록 맹모의 삼천지교三遷之敎를 실천한 훌륭한 부모로 또 능력 있는 부모로 인정받으면서 남들의 부러움을 한몸에 지니고 자랑스러워한다. 이러한 일들이 우리 삶의 주변에서 종종 일어나면서 정치권에서나 쓰이던 위장전입이라는 말이 교육현장에 자연스럽게 스며들게 되었고 기러기 아빠, 원정출산이라는 용어가 낯설지 않게 되었다.

그러나 교육에서는 환경 못지않게 부모나 교사의 의지意志 역시 간과할 수 없는 매우 중요한 요인이다. 그런 점에서 맹모단기지교孟母斷機之敎는 맹모삼천지교孟母三遷之敎와 더불어 우리가 자녀교육을 하면서 반드시 마음에 새겨두어야 할 만큼 중요한 가르침을 주고 있다.

맹자가 공자孔子의 손자인 자사子思에게서 글을 배울 때, 수레를 모는 연습을 하다가 몸을 다쳤다. 몸을 다친 어린 맹자는 어머니가 보고 싶어 집으로 돌아왔다. 마침 베틀에 앉아 길쌈을 하고 있던 맹자의 어머니는 돌아온 아들을 보고도 반가워하기는커녕 정색을 하고 맹자에게 물었다.

"공부는 어떻게 하고 왔느냐?"라고 물으시는 말씀에 달리 대답할 말을 찾지 못한 맹자는 "어머니가 뵙고 싶어서 잠시 집에 다니러 왔습니다."라고 대답을 했다. 그 말을 들은 맹자의 어머니는 옆에 놓여 있던 가위를 들어 지금까지 짜고 있던 베를 자르면서 "네가 하던 공부를 중도에서 그만두는 것은 짜고 있던 베를 잘라버리는 것과 같다."고 하면서 맹자를 가르쳤다고 한다. 맹자는 그 길로 다시 공부하러 떠나 후에 훌륭한 학자가 되었는데 후세 사람들이 이를 두고 맹모孟母의 단기지교斷機之敎 또는 단기지훈斷機之訓이라고 했다.

한석봉 역시 그가 세상에 소문난 명필로 자리 잡게 된 것은 그의 뛰어난 재능과 꾸준한 노력이 바탕이 되었겠지만 무엇보다도 그를 이끌어준 어머니의 굳은 의지가 있었기 때문이다. 최근에 우리 주변에서 볼 수 있는 예로는 김연아 선수의 어머니가 있다. 지금은 올림픽 금메달리스트로 우리에게 잘 알려진 김연아 선수가 견디기 어려운 부상에도 불구하고 진통제까지 맞아가며 "투혼"을 발휘하여 감동적인 연기로 세계인들에게 감동을 줄 수 있었던 것은 그녀의 피나는 노력의 결과라고 할 수 있겠지만, 김연아 선수의 뒤에서 항상 그림자처럼 그를 돌보아 온 어머니의 사랑과 의지意志가 있었기에 가능할 수가 있었던 것이다.

부모가 되어 자기 자녀에게 좋은 환경을 마련해주고 싶은 것은 인지상정人之常情이다. 이런 마음과 정성 때문에 아이들 교육에 좋다고만 하면 강남이 아니라 달나라까지라도 보내주고 싶은 것이 부모의 마음이다. 그러나 환경도 중요하지만 그에 못지않게 중요한 것은 자식들을 바르게 가르쳐야겠다는 부모의 굳은 의지와 함께 스스로 노력할 수 있도록 용기를 주는 가르침이다.

이러한 관점에서 본다면 맹자의 어머니나 한석봉의 어머니는 자식의 능력과 가능성에 대한 믿음과 이를 교육을 통해서 이루고자 하는 굳은 의지에서 비롯된 교육적 결단이 자식에게 깨달음을 줌으로써 스스로 공부에 정진할 있도록 하는 동기를 유발하였고, 이를 바탕으로 이들이 불세출의 학자로 성장하게 된 계기가 되었다고 할 수 있다. 맹모단기지교孟母斷機之敎의 깊은 뜻이 오늘날 부모 된 우리에게 자녀교육의 현실을 되돌아보게 하는 이유가 여기에 있다.

Zoe (2010)

막말은 막된 행동을 낳는다

인도의 시인 타고르Tagore는 "그 나라의 문화 수준은 언어가 바로미터"라고 했다. 또 독일 베를린 시청에 가면 "말은 한 사람의 입에서 나오지만 천 사람의 귀로 들어간다." 라는 글귀가 쓰여 있다고 한다. 이런 이야기나 글귀를 듣고 보면서 오늘날 우리 젊은이들에게서 나타나고 있는 언어문화를 걱정하지 않을 수 없다.

한국 교원단체 총 연합회가 제564돌 한글날을 맞아 실시한 "학생 언어사용 실태 관련 교원 설문조사"에서 이에 응한 교원의 66.1%는"학생들 대화의 반 이상 또는 대화 내용이 조사를 빼고는 욕설과 비속어"라는 의견에 동의한다고 했다. 한국교육개발원에서도 이 조사결과를 뒷받침할만한 자료를 발표하였는데 이 결과에 따르면 지난해 10월 한 달간 서울, 전남, 충남 초 · 중고생 1260명을 대상으로 설문조사를 한 결과 우리나라 초 · 중고생 가운데 욕설을 전혀 사용하지 않는 학생은 전체 응답자의 5.4%68명에 불과하였으며 매일 한 번 이상 욕설을 한다는 응답은 73.4%925명에 달했다고 한다. 또한 한국교총과 EBS 방송에서 중학생 2명과 고등학생 2명에게 소형 녹음기를 지참시켜 등교 이후 점심시간까지 4시간 동안 주고받은 대화를 녹음했더니 1명당 평균 75초에 한 번꼴로, 1시간에 49회의 욕설을 한 것으로 나타났다고 한다. 조사대상 4명 가운데 2명은 평소 "욕을 잘하는 학생"으로 소문난 학생이었지만 나머지 2명은 평범한 학생이었다고 한다.

청소년들의 대화 속에서 일상화된 욕설은 또래들끼리의 동질감을 확인하는 방식으로 친근감과 유대 강화 등의 기능을 하고 있다. 이러한 또래들 간의 상호 확인 방식이 청소년들에게 욕설문화를 유지하게 하는 하나의 요인이라고 할 수 있다. 따라서 욕설문화의 정체는 결국 동질감의 확인인 셈이다. 그러나 욕설이 또래 간에 동질감을 확인하는 방식이라고 해도 어떠한 형태이든 욕설은 모욕적인 언어일 뿐이다. 결국 청소년들의 욕설문화는 그 자체가 문제이기도 하지만 우리나라 청소년들이 처한 상황을 보여주는 하나의 증상symptom이라고 진단할 수 있다.

이러한 증상은 반항과 "반말지거리"로 나타나기 마련이다. "반말지거리"란 말은 반말을 함부로 지껄여대는 것을 일컫는 말인데 이보다 강도가 세지면 "막말"이 되고 강도가 그 도를 넘으면 막된 행동과 함께 폭언이 뒤따르기 마련이다. 오늘날 우리 사회는 부모와 자식 간, 스승과 제자 사이에도 패륜적이고 패악적인 폭언과 폭행이 오가는 세상이 되었다. 지난 1일 오전, 대구의 한 중학교 복도에서 등교 중이던 중3 학생이 교감선생님께 담배를 빼앗기고 야단맞자 교감선생님의 머리, 배 등을 주먹과 발로 수차례 때린 사건이 발생했었고, 충북의 어느 고등학교에서는 수업 중에 딴짓하는 학생을 지도하면서 어깨를 툭툭 쳤다는 이유로 여교사가 폭행을 당했다고 한다. 어른들은 이러한 현상을 보면서 청소년들의 "문제행동"을 지적하며 욕설하는 것을 걱정하고 나무라지만 이들이 욕설을 하고 교사를 폭행하는 문제행동의 심리적 배경에 대해서는 별다른 관심을 보이지 않는다. 그렇다고 이들을 그렇게 가르친 부모나 기성세대들이 이를 반성하는 모습도 찾아볼 길이 없다.

우리 사회문화에서 청소년들이 자신의 존재가치를 인정받고 확인할 수 있는 유일한 방법은 시험 말고는 거의 없다. 늘 공부를 해야 한다는 부담감과 경쟁에 시달리는 이들에게는 스트레스만 쌓여갈 뿐이다. 청소년들이 이처럼 숨 막히는 상황에서 벗어나기 위한 다른 하나의 방편은 의식적 또는 무의식적으로 기성세대에 대한 반항으로 나타나는데 사회적으로 문제가 되는 반사회적 행동이나 문제행동 등을 함으로써 자신을 억누르고 있는 스트레스를 해소하려는 움직임이 그것이다. 어른들은 이를 간단하게 문제행동이라고 지적하면서 그런 행동을 하는 청소년에게 "문제아"라는 낙인을 찍어서 돌려세워 놓는다. 이렇게 눈에 거슬리는 행동을 하는 청소년들에게 아무런 대책도 없이 마구잡이로 낙인을 찍어대면서 엉거주춤하고 있는 사이에도 세상은 날이 갈수록 반말과 막말 그리고 욕설과 폭언 속에서 헤어나지 못하고 있다.

우리는 공기가 오염되었다고 공기청정기를 사서 쓰며 깨끗하고 좋은 물을 먹어야 건강에 도움을 준다고 하면서 성능 좋은 정수기를 사용하고 있다. 그러나 말이 오염되어가고 있다고 해서 이를 정화할 수 있는 기계가 발명되었다는 말은 아직 들어보지 못했다. 오염된 공기나 환경의 정화도 시급하고 우리의 건강을 지키는 것도 중요하지만, 오염된 언어문화에서 청소년들의 정신건강을 지키는 것 역시 중요하기는 마찬가지다.

이제 부모와 사회가 나서서 이 나라의 장래를 짊어지고 나갈 청소년들의 정신건강을 위해 오염된 우리의 언어문화를 시급하게 정화해야 할 때가 아닌가 한다. "입으로 들어가는 것이 사람을 더럽게 하는 것이 아니라 입에서 나오는 그것이 사람을 더럽히는 것"이라는 성현의 말씀을 되새기면서 우리 입에서 나오는 말을 곰곰이 되새겨볼 일이다.

Hannah : 입 조심(2007)

우리 아이 기氣 살리기…

공공장소에서나 혹은 식당에서 젊은 부모와 함께 나온 아이들의 버릇없는 행동은 주변 사람들의 눈살을 찌푸리게 만든다. 분명히 그 옆에 부모가 앉아 있는데도 아이들의 행동은 막무가내여서 뛰어다니며 싸우기도 하고 물건을 던지거나 식탁 등을 밀치면서 온 식당 안을 휘젓고 다녀도 그 부모들은 "기氣가 살아 있는 아이"라고 생각해서인지 그저 흐뭇한 표정으로 바라만 보고 있을 뿐 이들을 적극 제지하거나 나무랄 생각을 하지 않는다.

"기氣"란 정신력 또는 용기라는 의미가 있으며 이러한 맥락에서 자신감, 자기주장능력, 추진력 그리고 진취성까지 포함한 다양한 의미를 내포하고 있다. 이 말을 풀이해보면 기氣

란 자신감을 느끼고 어떤 문제에 부딪혔을 때 이를 해결해나가고 새로운 도전이 있을 때 위축되지 않고 그 도전과 맞서 싸우며 미지의 세계에 두려움 없이 뛰어드는 용기라고 할 수 있다. 우리 주변의 젊은 부모들이 자기 아이들에게 이러한 용기인 기氣를 살려주려는데 반대할 사람은 아무도 없다. 부모 된 사람이라면 당연히 그렇게 해야 하는 것이 마땅한 도리이기 때문이다. 문제는 기氣를 잘못 알고 "살리기"만 하려는 데 있다. 그 결과 아이들은 때와 장소를 가리지 않고 기고만장氣高萬丈한 "버릇없는 아이"가 되어가고 있다.

내 아이는 무엇이든지 마음대로 할 수 있어야 하고 조그만 좌절이라도 경험하면 기氣가 꺾인다는 생각은 아이들의 기氣를 살리는 것이 아니라 자기만이 최고이며 무엇이든지 자기 마음대로 하려고 하는 잘못된 행동을 낳게 하는 빌미를 제공해주는 것이다. 이러한 빌미는 곧바로 내 아이를 버릇없고 품행이 바르지 못한 문제아로 자라게 하는 첩경이다. 이런 아이들은 집안에서만 큰소리를 치고 멋대로 할 뿐 집 밖에서는 양보할 줄 모르므로 친구들과 사귀기도 어렵고 친구들에게서 따돌림을 당하는 상황에 부닥치게 될 수도 있다. 따라서 우리 아이 기氣를 살려주어야 한다는 명제 아래 무분별한 자존감을 심어주는 일은 부모 된 사람이 삼가야 할 일이다.

기氣란 하루아침에 길러지거나 한두 학기 학교에 다녔다고 해서 길러지는 것이 아니라 가정교육을 통해서 은연중에 내면화되어야 비로소 그 가치를 인정받을 수 있고 기氣가 살아 있음이 겉으로 드러나는 것이다. 내면화란 특정 신념이나 사상을 온전히 받아들여 사고나 언어, 행동을 지배하게 하는 과정을 가리키는 것인데 이는 바른 가정교육을 통해서만 이룰 수 있는 것이다. 이를 위해서 부모는 아이들과의 대화에서부터 생활습관이나 행동 하나하나에 이르기까지 주의깊게 관찰해 나가면서, 바람직한 일이나 행동을 했을 때 칭찬과 격려를 통해 이를 인정해 줌으로써 기氣의 내면화가 이루어지도록 도와주어야 할 것이다.

일본과학진흥기구에서 발표한 "칭찬하는 육아"에 관한 조사결과는 칭찬이 아이들의 기氣를 살려준다는 구체적인 증거를 보여주고 있다. 이 기구에서는 일본 오사카大阪와 미에三重현縣에 거주하는 400가정의 부모와 생후 4개월 된 아이들을 3년 6개월에 걸쳐서 추적 조사한 연구결과를 발표했는데, 이 결과에 따르면 부모에게서 자주 칭찬을 받는 아이는 3년 6개월 된 시점의 사회적 적응능력이 그렇지 않은 아이들에 비해 2배 이상 높았다고 한다. 이 조사에 응한 부모들은 육아 과정에서 칭찬과 함께 아이와 눈을 맞추기도 하고, 함께 노래를 부르며 리듬에 맞춰 율동을 하기도 하고, 함께 책을 읽거나 외출을 하기도 하였는데, 이러한 행동이 아이들의 기氣를 살리면서 사회적 적응능력을 높이는 것으로 조사되었다고 한다. 이 과정에서 아버지의 육아 참여도 칭찬만큼이나 아이들의 사회적 적응능력 향상에 도움이 된 것으로 나타났다. 아버지가 만 1세 6개월부터 만 2세 6개월까지 육아에 참여하는 가정의 아이는 그렇지 않은 가정의 아이에 비해 사회적 적응능력이 1.8배 높았다고 한다.

결국 우리 아이의 기氣를 살리는 길은 부모의 양육태도에 달려 있음을 암시하는 대목이다. 아이들의 바람직한 태도나 행동에 대한 칭찬과 격려 그리고 이를 인정해줌으로써 자신감과 실천력을 길러주고 그에 따르는 자제력과 책임의식을 심어주는 것이 바로 우리 아이 기氣를 살려주는 길임을 명심할 필요가 있다.

Daniel의 그림

편애偏愛라는 이름의 사랑

여러 사람 가운데서 어느 한 사람이나 한쪽만을 치우치게 사랑하는 것을 편애偏愛한다고 한다. 우리나라에 콩쥐 팥쥐 이야기가 있다면 서양에는 신데렐라Cinderella 이야기가 아마도 편애를 대표하는 이야기일 것이다. "죽 먹은 설거지는 딸 시키고 밥 먹은 설거지는 며느리 시킨다."라는 속담이 있을 정도로 편애라는 이름의 사랑이 있었으니, 우리가 살아가면서 겪게 되는 여러 가지 일 중에서 아마도 편애는 양洋의 동서東西를 막론하고 우리의 생활 속에서 특별히 의미 있는 자리를 차지하고 있는 사랑임이 분명하다.

편애偏愛로 인해서 일어나는 불상사도 무시할 수 없을 만큼 많고 다양하다. 지난 2009년 10월 서울 월곡동 다세대 주택에서 화재가 발생해 두 부부가 사망하는 사건이 있었는데 경찰 조사결과에 따르면 28세나 된 아들이 재혼한 친어머니가 새아버지 사이에서 태어난 어린 동생만 편애한다는 생각에 불만을 품고 저지른 범죄였다고 한다.

미국 코넬대학교Cornel University 칼 필머Karl Pillemer 교수팀은 친자녀들 중에서도 어느 한 명의 아이만 귀여워하고 사랑한 엄마 밑에서 자란 자녀는 훗날 중년이 되었을 때 모두 우울증을 겪을 가능성이 크다는 연구결과를 발표했다. 면접조사를 통해서 이루어진 이 필머 교수 팀의 연구 결과에서는 엄마의 70%가 어느 한 명의 자녀에게 감정적으로 더 친근함을 느꼈고 자녀의 15%만이 "우리 엄마는 모두를 똑같이 사랑하셨다."고 응답했다.

필머 교수는 "엄마가 형제자매 중에서 누군가를 더 사랑한다는 것을 아이들이 눈치채게 되면 설령 편애 대상이 아니라고 해도 후에 독립하거나 새로운 가정을 이루거나 간에 심리적 행복은 영향을 받게 마련"이라고 설명하면서 "인간 사회에서 부모는 자녀를 똑같이 대해야 한다는 묵시적 기준이 있지만 이 연구에서 밝혀진 것처럼 편애가 사실상 있는데도 사람들은 이를 쉬쉬한다."고 우려를 표명했다.

이러한 편애의 원인은 무엇인가? 우리나라의 경우 어쩌면 남아선호男兒選好 사상에서 비롯된 것이 아닌가 하는 생각이 든다. 우리나라는 전통적으로 남성과 여성이 동등한 관계를 형성하지 못한 상황에서 가계를 잇기 위해 남자가 필요하므로 남아男兒를 더 원하는 현상이 벌어졌는데 이것이 사고思考로 굳어지게 된 것이라는 설이다. 이 사상은 고려 시대 이후에 확립되어 조선 시대 유교 문화와 더불어 계승, 강화되었으며, 지금까지 영향을 미치고 있는 것으로 알려졌다.

그러나 편애의 원인을 특정한 이론이나 역사 등에서 찾을 것이 아니라 우리의 일상생활 속에서도 얼마든지 찾아볼 수가 있다. 어떤 집에서는 장남이기 때문에 부모가 각별한 정을 쏟아붓기도 하고 딸 부잣집의 외동아들에게서 또는 막내아들이나 딸에게서도 사랑이라는 이름의 편애를 볼 수 있다. 우리는 이러한 현상을 흔히 "내리사랑"이라는 말로 합리화하려고 하지만 여러 형제 중에서 유독 허약한 아들이나 딸에게 또는 다른 자식들에 비해 아직 자리를 잡지 못했거나 좀 부족한 형편의 자식에게는 부모로서 자연스럽게 마음이 쓰이고 정이 가는 것은 인지상정人之常情이다.

우리가 부모 된 입장에서 내 아이들을 모두 사랑한다며 "열 손가락 깨물어 안 아픈 손가락 없다."라고는 하지만 그 중에는 혹시 다칠세라 "살짝" 깨무는 손가락이 있게 마련인가 보다. 문제는 모든 손가락이 크기나 역할이 다 다른 것처럼 아이들에게 가는 사랑도 그 깊이와 넓이가 다를 수밖에 없다는 데 있다. 장남은 장남대로 그리고 막내는 막내대로의 역할이 있고 그 역할들은 모두 각자의 위치에 따라서 다르게 표출된다는 것을 부모가 알고, 열 손가락의 모양과 역할의 "다름"과 같이 부모의 사랑은 편애의 감정을 드러내지 않기 위해 의도적으로 노력을 해야 하며, 이렇게 노력하는 마음이 아이들에게 전달되었을 때 아이들은 "어버이의 깊고 넓은 사랑"을 노래하면서 부모의 마음 씀씀이에 고마움을 느끼게 될 것이다.

Amanda의 그림

약속約束의 무게

언젠가 여행길에 휴게소에 도착하자마자 급히 화장실로 뛰어들어간 일이 있었다. 급히 들어가면서 그 안을 둘러보았더니 예상과 달리 조용했고 화장실이 여러 개가 이어져 있는데도 문 앞에 서서 기다리는 사람도 없어서 느긋하게 화장실 앞에 서서 안에 있는 사람이 나오기만을 기다리고 있었다. 얼마간 서 있자니 내가 기다리고 있는 바로 옆 화장실 문이 열리면서 안에 있던 사람이 나왔는데 내 뒤쪽에서 한 사람이 천천히 걸어와 그곳으로 들어가는 것이었다. 그제서야 뭔가 이상하다는 느낌이 들어 그 사람이 걸어들어온 입구를 쳐다본 순간 "아차, 내가 실수하고 있구나!" 하는 생각이 들면서 얼굴이 화끈거려 그곳에 더는 서 있을 수가 없었다.

남들은 모두 문 입구에서 차례를 기다리고 서 있는데 그 줄은 보지도 못하고 눈치 없이 뛰어들어와 한국식으로 화장실 문 앞에 서서 기다리는 나를 보고 "무례한 사람"사람이라고 여겼을 것을 생각하면 지금까지도 부끄러운 마음이 가시지를 않는다. 내가 학생 시절에 미국 땅에서 사회적 약속이 생활 속에 녹아 있는 현장을 목격한 여러 사례 중의 하나이다.

이러한 사회적 약속의 의미와 가치에 대한 학습은 가정교육에서부터 비롯되는 것이다. 부모들은 가정에서 자녀와 여러 가지 약속을 해 가면서 공부하도록 자극을 주기도 하고 예의바른 행동을 하도록 가르치기도 한다. 우리 가정에서 쉽게 볼 수 있는 부모와 자녀 간의 약속은 성적이 올라가면 무엇을 해준다거나 숙제를 잘하면 또 무엇을 사주겠다고 하는 등 얼핏 보기에는 하찮은 작은 일들이 대부분이다. 그러나 자녀는 부모가 제시한 약속을 굳게 믿고 해야 할 일들을 다 해놓고는 당연히 "약속한 것"을 기다리고 있다가 "성적이 올라가면 해준다던 것은 왜 안 해주느냐"고 묻기라도 하면, 대개는 "너 잘되라고 그러는 거지 사주기는 뭘 사주느냐"고 타박을 하거나 "네가 해야 하는 일을 했으면서 뭘 사달라고 하느냐"고 핀잔을 주기도 한다.

약속한 것들을 기다리고 있다가 "핀잔"을 받았을 때 자녀가 경험했을 "기다림"에 대한 허탈감, 부모에 대한 섭섭함 등의 경험이 반복되면서 급기야는 "콩으로 메주를 쑨다."고 해도 아이들은 부모의 말을 믿으려 들지 않는다. 꼭 학습이론을 들먹이지 않더라도 부정적인 결과를 가져오는 행동은 반복하지 않으려는 것이 인간의 행동심리이기 때문이다.

우리는 증자曾子의 예화에서 말과 약속의 무게를 느끼게 하는 가르침을 배울 수 있다.

어느 날 증자의 아내가 시장엘 가려고 하는데 아이들이 엄마를 따라가겠다고 졸라대면서 칭얼거리고 있었다. 이를 귀찮게 여긴 증자曾子의 아내가 아이들에게 "집에서 사이좋게 잘 놀면서 기다리고 있으면 돌아와서 돼지를 잡아주겠다."고 약속하고는 시장으로 떠났다.

마침 집에 있던 증자曾子는 아내가 아이들과 이야기하는 것을 묵묵히 듣고만 있었다. 얼마간의 시간이 흐른 후에 시장에 갔던 아내가 돌아와서 저녁 준비를 하고 있었다. 그때 뒷마당에서 돼지 울음소리가 들려왔다. 저녁 준비를 하던 증자의 아내가 놀라서 나가보니 증자가 돼지를 잡으려고 우리에서 돼지를 꺼내고 있었다. 깜짝 놀란 증자曾子의 아내가 물었다.

"아니 왜 돼지를 우리에서 꺼내십니까?"

"당신이 아이들에게 사이좋게 놀고 있으면 시장에 갔다 와서 돼지를 잡아주겠다고 하지 않았소?"

"아니.. 그건 시장에 따라가려고 칭얼거리는 아이들을 달래보려고 한 말이잖아요. 내가 언제 진짜 돼지를 잡겠다고 말했어요?"

이 말을 듣고 있던 증자曾子는 정색하고 아내에게 말했다.

"부인, 입에서 한 번 나온 말은 바꿀 수가 없는 법이오. 더군다나 아이들에게 거짓말을 해서는 안 됩니다. 어미가 자식을 속인다면 앞으로 이 아이들이 누구의 말을 믿겠소!"

부모의 입에서 나온 약속은 반드시 지켜져야 하며 이러한 경험들이 쌓여서 어린이들의 사회화 과정을 돕는 계기가 되는 것이다. 약속이 지켜지는 가정, 학교 그리고 사회가 바로 정의의 사회이며 이러한 사회야말로 행복한 가정, 건강한 청소년들을 길러내는 희망찬 사회로 가는 길이 아니겠는가?

PART 2

자녀의 행동
: 이렇게 해보세요

상담Counseling 좀 받아보시지요...

빗나가는 자녀를 둔 부모들이나 가정문제로 걱정하고 있는 사람들 또는 고부간 갈등문제 등으로 심적 고통을 받는 사람들과 이야기를 나누다가 "그럼 상담counseling 좀 받아보시지요?"라고 조언을 하면 "나도 상담을 받아야 합니까?" 하고 의아한 표정을 지으면서 되묻는다. 그 되묻는 표정에는 "내가 왜?" 하는 뉘앙스nuance가 짙게 묻어 나온다.

사실 상담counseling을 받아야 한다는 말을 듣는 순간 왠지 모를 불안감이 엄습해 오는 것이 사실이다. 내게 큰 문제가 있는 것 같기도 하고 그것을 지금 해결하지 않으면 무슨 변이라도 일어날 것 같은 방정맞은 생각이 들기 마련이다. 그렇다고 선뜻 "상담 좀 받고 싶습니다." 하고 전문가를 찾아가자니 남들에게 눈치가 보이는 것은 물론 "문제가 있는 사람"이라는 말을 듣게 될까 봐 겁이 나고 내가 무슨 일이나 저지른 사람처럼 보일 것 같아 상담실 문 앞까지 가는 것조차 두렵기만 하다. 그러나 귓가에 맴돌고 있는 "상담 좀 받아보시지요."라는 말은 당사자들의 마음을 흔들어 놓아 불안에 휩싸이게 해놓는다. 그렇다고 상담실 문을 두드릴 용기가 나지도 않는다.

왜 그럴까?

당연한 대답이지만 상담Counseling에 대한 오해에서 비롯된 것임을 말하지 않을 수 없다. 상담counseling이란 남을 도울 수 있도록 훈련을 받은 사람이 도움을 필요로 하는 사람 또는 청하는 사람들에게 당면한 문제를 스스로 해결할 수 있도록 도움을 주려는 전문적 활동이라는 점을 간과하고 있기 때문이다. 도움을 필요로 하는 사람들이란 자녀교육과 이들의 미래에 관련된 정보나 진로, 진학에 관한 최신 정보 등을 얻고자 하는 학부모들인데 이들에게 구체적이고도 신속한 정보를 제공함으로써 의사결정을 돕는 것을 말하며, 도움을 청한다는 것은 정신적 또는 심리적 문제로 갈등과 좌절을 경험하거나 이 때문에 스스로 문제 해결에 자신감을 잃은 사람들이 전문적인 조언을 청할 때 이들을 돕는 심리적, 교육적 지원활동을 말하는 것이다. 따라서 상담의 주된 내용은 자녀 양육과정에서 제기될 수 있는 문제들이나 부부간의 갈등, 고부간의 문제 등을 중심으로 가정이나 학교 등지에서 일어나는 교육적인 문제들의 예방과 치료가 주류를 이루고 있다.

얼마 전 상담 신청서에 "남편과의 갈등문제"로 상담을 받고 싶다고 한 A씨는 카운슬러와 마주 앉아서 "그저 바라만 보고 있을 뿐" 입을 열 기미가 보이질 않았다. 얼마간 시간이 흐른 후에 카운슬러가 "이야기하기가 몹시 어려우신가 봐요?"라는 감정 이입적 질문을 하자 "그렇다."라고 대답을 하면서 "흔히 있을 수 있는 일인데도 말하기가 쉽지 않다."라는 말을 덧붙이며 "말하기가 쉽지 않은 이유"를 설명하기 시작했다. 이렇게 어렵사리 시작한 상담은 회를 거듭할수록 진지한 이야기가 오고 가면서 내담자 A씨가 갖고 있는 "걱정거리"의 실체가 보이기 시작했고 상담이 종료될 때쯤에는 A씨의 얼굴에 미소가 보이기 시작했다.

이러한 과정에서 가장 중요하게 다루는 문제 중의 하나가 바로 "비밀보장"이며 이를 위해서 상담의 모든 내용은 도덕성이 높은 카운슬러들에 의해서 외부 노출이 엄격하게 차단되고 있다. 이러한 사실을 고려한다면 내담자들은 상담 전문가들에게 편안한 마음으로 자신의 문제를 이야기할 수 있고 또한 문제 해결에 도움을 받을 수 있는 곳이 바로 상담실임을 쉽게 알 수 있다.

자신의 문제나 자녀의 진로결정 등과 관련해서 정보가 필요한 사람들이나 심리적인 고통으로 마음이 답답해서 속에 들어 있는 근심과 걱정거리를 해결하고 싶고 도움을 받고 싶은 사람은 언제든지 상담전문가Professional Counselor들을 찾아 도움을 받는 것이 바람직한 일이다. 이러한 상담과정을 경험하면서 내적 성장을 기할 수 있는 곳이 바로 상담실이기 때문이다.

전문가counselor들은 오늘도 내담자를 도우려고 성실하게 준비하고 당신을 기다리고 있다는 점 또한 기억해두기 바란다.

멋쟁이 부모가 되는 길...

상담실을 찾아온 어느 젊은 엄마는 초등학교 2학년인 아들의 문제행동이 걱정되어 자리에 앉자마자 그간의 상황을 설명하고 나서는 "어떻게 하면 되겠느냐?"고 묻는다. 늘 듣는 이야기이기는 하나 자신은 아들 교육을 위해서 항상 "최선"을 다했는데 "왜 그러는지 모르겠다."라고 하면서 한숨을 쉰다.

요즈음 젊은 세대들은 자녀를 적게 낳는 추세이기 때문인지 아니면 자기들이 부모에게서 사랑을 충분히 받아보지 못한 섭섭함 때문인지 자기가 낳아서 키우는 아이에게는 부모로서 해줄 수 있는 모든 것을 다 해주려는 듯이 온 정성을 다

바친다. 마치 “완벽한 부모”가 되려는 듯한 태도가 가정에서 엿보이고 학원 등지에서는 “정보 수집과 교환”이라는 이름의 엄마들 모임에서 엿보이기도 한다. 젊은 부모들의 노력과 적극적인 태도는 바람직한 것이기는 하나 중요한 것은 “무조건적인 사랑과 노력”이 아니라 “어떻게 하느냐?” 하는 방법의 문제이다.

이처럼 “무조건적인 사랑”과 “노력”을 기울이고 있는 젊은 부모들일수록 자신들이 아이들을 위해서 늘 힘을 다하는 것으로 믿고 있으며 또 그렇게 하는 것을 당연한 것으로 알고 이를 자랑삼아 이야기한다. 그래서 “우리 아이는 내가 눈짓만 해도…” 부모가 하라는 일이면 무슨 일이든지 “알아서” 해놓는다거나 아니면 “반드시” 내가 생각했던 대로 행동하면서 “공부밖에 모르는 착한 아이”라고 침이 마르도록 칭찬한다.

그러나 아이들이 부모를 훈련시키고 있다는 생각을 해본 적은 없었는가?

어느 할아버지 댁에 아들 내외가 손자, 손녀들과 함께 들렀다. 지나는 길이어서 잠시 인사나 드리려고 들렀다면서 자리에 앉았고 그 사이에 어린 손녀는 어린이 프로그램을 보고 싶다면서 TV 앞에 한 자리를 차지하고 앉았다. TV에서 눈을 떼지 못하고 있던 아이들은 “이제 집에 가자.”는 부모의 말씀을 듣지 못했는지 계속해서 리모컨을 손에 쥐고 정신없이 화면만 뚫어지게 응시하고 있었다. 잠시 기다려주던 부모가 다시 한번 "가야 해."하면서 TV를 껐고 그 순간 딸아이는 울음을 터뜨리면서 "조그만 더 보면 끝나는데……." 하며 더 보겠다고 울면서 보채기 시작했다.

할아버지는 그렇게 울며 보채는 손녀를 덥석 안고는 문밖으로 나서면서 다음에 다시 오면 더 볼 수 있도록 해주겠다는 약속을 하고 손녀를 차 안으로 밀어넣었다. 손녀는 차 안에서도 울음을 그치지 않고 이번에는 할머니를 쳐다보고 있었다. 할머니 역시 "다음에 오면…"이란 말로 손녀를 달래 보냈다.

사실 어른들의 처지에서 보면 별일도 아니겠지만 아이들의 입장에서 본다면 그렇게 재미있는 영화를 그것도 잠시만 더 보면 끝나는데 시간을 정해놓은 것도 아니면서 굳이 데리고 가야 할 일이 무엇이냐고 섭섭해할 만도 하다. 그러나 잠시 섭섭한 마음을 달래주려고 아이들의 요구에 쉽게 응해주는 것이 새로운 문제행동을 배우는 계기가 된다는 사실을 대부분의 부모들은 간과하고 있다. 아이들이 잘하고 있을 때는 별다른 관심을 보이지 않고 있다가 잠시라도 눈에 거슬리는 행동이나 문제행동이 보이기만 하면 이런 행동에 집중적으로 관심을 보이면서 크게 야단을 치거나 달래며 이를 바로 잡아주려고 타이르는 것이 대부분 부모들의 일반적인 행동지도 요령이다.

심리학의 강화이론reinforcement theory에서는 이러한 행동지도 방법을 "바람직하지 않은 행동에 부적절한 강화reinforcement를 주어서 문제행동을 유지하고 학습시키는 것"이라고 말하면서 아이들에게서 나타나는 "떼를 쓰는 행동"이나 "고집부리기" 또는 "나쁜 습관" 등은 모두 이러한 과정을 통해서 학습된 행동들이라고 지적하고 있다.

결국 훌륭한 부모, 멋쟁이 부모가 되는 길은 자녀의 바람직한 행동에 보다 많은 관심과 칭찬을 해줌으로써 바른 행동을 강화시키는 일이다. 반면에 바람직하지 못한 행동들이나 문제행동들에 대해서는 관심이나 강화를 주지 않음으로써 부모의 관심이 바람직한 행동에 주어져 있음을 보여주는 일이 중요하다. 그렇게 하기 위해서는 사랑도 있어야 하지만 냉정함도 함께 갖추고 있어서 아이들에게 옳고 그름은 물론 해야 할 일과 하지 말아야 할 일들을 분명하게 구분해서 가르치려는 의지와 태도를 갖추어야 함을 잊지 말아야 할 것이다. 한석봉 어머니의 고사故事나 맹자孟子 어머니의 단기지교斷機之教가 돋보이는 이유가 바로 그 때문이다.

벌罰과 무관심無關心

부모들은 자녀의 행동 하나하나에 관심을 두고 걱정을 하면서 "혹시나" 하는 마음에 자질구레한 일에까지 신경을 곤두세우고 참견하게 된다. 이럴 경우, 부모의 관심이나 참견은 자녀에게 말로 전달되게 마련인데 이때 자녀가 느끼는 "부모님 말씀"은 대개 "안 돼." 또는 "하지 마." 등과 같이 금지나 야단을 치는 것으로 들리기 때문에 짜증을 앞세우는 경우를 흔히 경험한다. 이를 본 부모는 다시 "벌"을 꺼내 드는 악순환이 뒤를 잇게 되는데 이는 부모들이 자녀를 키우고 가르치는 과정에서 벌이 효과적이라는 사실을 알고 있기 때문이다.

사실 벌이 자녀의 행동지도에 효과적인 부분이 있는 것도 사실이다. 그러나 벌이 행동지도에 효과적인 도구로 사용된다고 할지라도 한 번쯤은 그 의미를 살펴볼 필요가 있으며 그보다 더 효과적인 방법이 있다면 당연히 자녀에게 부적절한 관심이나 벌을 주는 것은 억제되어야 할 것이다.

일반적으로 벌이란 "신체적이나 정신적으로 고통을 주는 것"으로 이해되고 있으나 그 의미는 좀 더 광범위해서 "어떤 행동의 빈도나 강도를 감소 또는 제거시킬 수 있는 모든 자극"으로 해석된다. 예컨대 엄마가 울고 있는 아들에게 "울지 마!"라고 소리를 치자마자 울음을 그쳤다면 엄마의 "울지 마"라는 소리침은 곧 벌의 가치를 지니고 있는 것으로 받아들일 수 있다는 말이다. 이처럼 벌은 모든 연령층의 사람들에게서 나타나는 행동을 통제하는 데 효과적인 도구로 사용될 수 있다. 그러나 반면에 조심스러운 부분도 있다는 사실을 많은 부모가 간과하고 있다.

먼저 벌을 받은 경험은 "오래 기억되고 쉽게 재생된다."는 점이다. 이때 함께 기억되는 것은 벌의 유형은 물론 벌을 준 사람, 장소, 경우에 따라서는 시간까지 기억에 남아서 자기가 벌을 받았을 때와 유사한 환경이나 조건이 갖추어지면 전에 벌을 받았던 기억이 되살아난다는 사실이다. 벌은 또 벌을 준 사람에게 정서적 반응을 일으켜 공격적 행동을 하게 하는 결과를 초래할 수도 있다. 벌을 받게 되었을 때 이를 거부하며 반발해서 그 벌을 피할 수 있었다면 이는 공격적 행동이 강화를 받게 되는 결과를 초래하게 되고 이렇게 강화를 받은 행동은 앞으로 벌을 받게 되는 상황에서 다시 나타날 가능성이 높다는 것은 쉽게 짐작할 수 있다.

벌은 도피 또는 회피행동을 유발하게 하는 원인이 된다. 부모의 조언을 "잔소리"로 해석하기도 하고 "사랑의 매"를 "구타"로 여겨서 부모와의 만남을 의도적으로 피하려 하거나 아예 가출해버리는 등의 도피행동을 하게 하는 원인이 될 수도 있다. 이러한 이유들 때문에 자녀지도에서 벌의 사용은 가능한 자제하는 것이 좋다. 그렇다면 벌보다 효과적이고도 부작용이 없는 행동지도 방법은 무엇인가?

행동수정 이론에서는 이를 "상반행동 강화와 무관심소멸법"이라고 하는데 이는 부모가 "눈에 거슬리는 행동"들에 대해서는 이전처럼 관심이나 참견을 하지 않는무관심 대신 "바람직한 행동"들에 대해서 관심과 칭찬을 해주는 방법이다. 칭찬은 고래도 춤추게 한다는 말처럼 부모의 관심과 칭찬이 자녀의 바람직한 행동, 예쁘고 착한 행동에 듬뿍 주어졌을 때 자녀의 얼굴에는 자신감의 미소가 보이고 부모의 기대와 욕심은 아름답게 영글어갈 것임을 확신한다.

칭찬稱讚과 관심關心

옛말에 "우는 아이 젖 더 준다."라는 말이 있다. 엄마에게서 젖을 더 얻어먹으려면 보채는 게 상책이란 뜻으로 해석되는 말이다. 이 말은 그저 속담집이나 이야기책 속에서 볼 수 있는 말 정도로 이해해서는 곤란한 나름대로의 의미가 있는데 이는 우리의 가정, 학교 그리고 사회에서 청소년 지도에 "우는 아이 젖 주는 식"의 방법이 효과적인 것으로 알고 이를 즐겨 사용하고 있다는 뜻이다.

부모는 예나 지금이나 자녀가 건강하고 공부 잘 해서 좋은 학교에 진학하기를 바라면서 나쁜 길로 들어서지 않고 몸과 마음이 두루 바람직하게 자라주기를 한결같이 바라고 원한다. 이러한 소원과 바람 때문에 부모는 자녀들이 공부를 게을리하거나 잘못된 행동을 하면 그 즉시 바로잡는 것이 제일 나은 방법이라고 생각해서 타이르고 야단치며 다른 한편으로는 좋은 말로 달래보기도 한다.

이러한 부모의 태도와 지도방법은 자녀의 잘못된 행동을 바로잡아 주는 데만 관심을 두고 있어, 정작 길러주어야 할 바람직한 행동이나 습관 등에는 의당 그리해야 하는 것쯤으로 생각해서인지 관심을 보이기는커녕 아예 무관심하게 내 버려두는 것이 일반적인 현상이다. 잘못하는 행동에 대해서는 이를 보자마자 추상같은 "엄한 가르침"이 있지만 바람직한 행동, 습관 등에 대해서는 "당연히 그렇게 해야 하는 것"으로 여기기 때문에 아무런 "칭찬"이나 "관심"이 주어지지 않는 것이다.

이러한 현상은 학교에서도 마찬가지다. 선생님의 관심은 항상 수업시간에 떠드는 아이, 수업을 방해하는 행동을 하는 아이들에게 주어지게 마련이다. 그리고 모범생들은 그나마 "공부를 잘하는 탓"에 선생님에게서 관심과 주목의 대상이 되고 있지만 어중간한 정도의 학생은 선생님께서 출석을 부를 때를 제외하고는 이름을 불러주는 등의 관심을 받는 일이 별로 없다.

왜 우리 부모나 선생님들은 가정에서 그리고 학교에서 청소년들의 바람직한 행동보다는 바람직하지 못한 행동에 그렇게 관심을 보이는 것일까?

그 원인은 앞에서 이야기한 바와 같이 "우는 아이 젖 주는 식"의 지도방법에 익숙해 있고 또 그러한 방법이 효과적이라고 믿고 있기 때문이다. 울지 않고 엄마가 젖 줄 때를 기다리는 어린아이는 "참을성이 있다"거나 "착한 아이"라고 생각하면서 울 때까지 내 버려두지만 "젖 달라고 보채는 아이"에겐 지체 없이 젖을 줌으로써 유아시절부터 보채야만 문제를 해결할 수 있다는 생각을 하도록 가르쳐왔다는 말이다. 결과적으로 부모는 유아시절부터 부적절한 행동에 관심과 보상을 지속해서 줌으로써 바람직하지 못한 행동을 꾸준히 학습시키고 또 이를 강화시켜왔다.

물론 이러한 방법이 자녀의 문제 행동을 즉각적으로 중단시키거나 약화시키는 데 효과적인 면도 있음을 부정할 수는 없다. 그러나 이제부터라도 가정이나 학교에서 부모, 교사 등이 칭찬과 관심을 보여주어야 할 것은 자녀, 학생들의 문제 행동이나 빗나가는 행동이 아니라 착하고 바람직한 행동들이어야 한다. 청소년들의 바람직하고 아름다운 행동들이 주변 사람들에게서 칭찬과 관심을 듬뿍 받을 수 있을 때 이 사회의 청소년들은 우리가 기대하고 있는 바람직한 방향으로 성장해나갈 것이다.

훌륭한 일이나 행동을 하고도 계면쩍어한다거나 반사회적인 행동을 하고서도 어깨를 펴고 돌아다니는 청소년이 있다면 이 사회는 무엇인가 잘못되어 가고 있다는 증거이다. 우리는 이제부터 "우는 아이 젖 주는 식"의 자녀 지도, 청소년 지도가 아니라 "웃는 아이"에게 젖을 더 주고 "착하고 아름다운 행동", "바람직한 행동"을 하는 학생들에게 더욱 많은 칭찬과 관심을 보여주는 부모와 선생님이 되어야 할 것이다.

손가락을 빠는 아이

손가락을 빠는 아이들이 우리 생활 주변에서 심심찮게 눈에 띈다. 어떤 아이는 너무 심하게 빨아대서인지 손가락이 빨갛게 부어오른 아이도 있고 오랫동안 입에 물고 있어서 손가락 피부색이 허옇게 변해버리거나 아예 피부가 벗겨진 아이도 있다. 이런 아이들 부모의 입에서는 "손 빨지 마!"라는 잔소리가 가실 날이 없다.

일반적으로 모유보다는 분유를 먹고 자란 아이들에게서 손가락을 빠는 행동이 많이 나타나는 경우를 볼 수 있는데 모유로 자란 아이들은 엄마 젖을 먹는 동안 빠는 욕구가 어느 정도 충족되지만 분유를 먹고 자란 아이들은 고무 젖꼭지를 빨기 때문에 이 욕구가 충족되지 않아서 이런 행동이 나타난다는 속설도 있다. 학자들의 입장 역시 학문적 배경에 따라서 여러 가지로 나누어지고 있는데 이들의 의견을 종합해보면 어린아이들이 "내적 갈등과 긴장 때문"에 혹은 유아기 시절에 "젖을 충분히 빨아본 경험이 없어서" 그럴 수도 있으며 "불안을 줄여보려는 학습된 내적 반응"이라거나 혹은 "잘못 학습된 습관"이라고 보는 주장과 함께 "빠는 데서 오는 만족감" 등을 원인으로 지목하는 사람도 있다. 그러나 이러한 학자들의 주장이나 입장을 그대로 받아들이기보다는 어린아이가 처해 있는 환경적 요인과 함께 발달단계나 수준, 부모들의 양육태도 등과 관련된 여러 변인을 함께 고려해서 그 원인을 찾아보는 것이 바람직할 것이다.

손가락 빠는 행동의 원인을 찾는 것도 중요한 일이기는 하나 이 행동 때문에 일어나는 후유증을 살펴보는 것 역시 중요하다. 부모의 처지에서 먼저 생각해보아야 할 부분이 바로 치아이상齒牙異常이다. 손가락을 빨 때는 윗니를 바깥쪽으로 아랫니는 안쪽으로 밀어내게 되는데 이러한 자극이 부정교합malocclusion을 일으키게 하는 주요 원인이 된다는 점이다. 일반적으로 유치가 빠지고 영구치가 올라오는 만 6세 이후까지 손가락을 빠는 행동이 지속된다면 많게는 20%까지 부정교합

이 발생한다는 연구결과들이 부모를 긴장시킨다. 또 다른 문제는 만성적으로 손가락을 빠는 경우에 손가락 관절이 지나치게 뒤쪽으로 휘어지는 문제로 이어질 수 있다는 점이다. 굳은살이 생기거나 과도한 자극이 원인이 되어 일어나는 피부 습진, 손톱감염 등의 위생문제를 일으키는 원인으로 작용할 수도 있다는 신체 건강상의 문제 역시 간과해서는 안 될 일들이다.

또 다른 하나는 손가락을 빠는 행동을 미숙하고 사회적으로 바람직하지 못한 행동으로 간주하고 있기 때문에 친구들과의 인간관계에 문제가 생기거나 놀림을 당하고 따돌림을 당할 수도 있다는 문제가 있어, 경우에 따라서는 자존심 손상을 가져오거나 심한 열등감이나 좌절감 등에 휩싸여 심리적으로 위축되거나 고립되는 상황을 초래할 수도 있다는 점 등의 부작용 때문에 부모의 걱정은 더 커지게 마련이다.

이러한 부모들의 걱정거리를 해소해 주고 손가락을 빠는 행동이 가져올 수도 있는 여러 가지 문제들을 해결하기 위한 많은 연구가 여러모로 이루어지고 있으며, 학자들이 제시하는 그럴듯한 대책도 여러 가지가 있다. 어느 아버지는 아이가 빨고 있는 손가락에 "그림"을 그려주어 고쳐줄 수 있었고 또 어떤 엄마는 빠는 손가락에 붕대를 감거나 테이프를 붙여서 아이가 아예 손가락을 입에 넣지 못하도록 했다는 "민간요법"도 있다. 그러나 손가락을 빨고 있는 자녀를 둔 부모는 이러한 행동들이 어린이들의 발달 과정에서 일어날 수 있는 하나의 행동이라는 점을 고려하여, 이를 빨리 고쳐보려고 아이를 윽박지르거나 심하게 야단을 치는 등의 행동은 자제하는 것이 바람직하다. 왜냐하면, 부모의 이러한 행동들이 어린이에게 도피나 회피행동을 일으킬 수 있는 원인을 제공할 수 있기 때문이다.

우선 가장 일반적인 경우로 이齒牙가 날 때의 간지러움 때문에 손가락을 물고 빨 때에는 찬 것을 입에 물고 있도록 하는 대증요법으로 대처하는 것이 바람직한 방법이다. 혹시 끼니 때 손가락을 빨고 있는 것이 관찰되면 이유식의 양이 부족한 것이 아닌지 살펴볼 필요가 있다. 동생이 생겼거나 부모에게서 관심을 끌어보려는 행동이라면 엄마, 아빠가 아이와 함께 놀아주는 것이 좋은 방법일 것이다. 이때 부모가 반드시 고려해야 할 것은 아이가 "손가락을 빨 때"는 야단을 치거나 달래주는 등의 관심을 보이기보다는 이를 무시하는 태도를 유지하는 것이 바람직한 방법이라는 것이다. 그러나 "손가락을 빨지 않는 행동"이 관찰되면 이에 대해서 많은 칭찬과 관심을 보여주어야 행동을 수정하는 데 도움이 된다. 이러한 방법과 함께 대체로 아이가 24개월이 지나면서부터는 주변 사람들의 반응에 신경을 쓰기 때문에 이들의 부정적인 반응을 느끼게 해주는 것도 문제해결에 많은 도움을 줄 수 있다.

진희의 그림

손톱 물어뜯는 아이

손톱을 물어뜯는 행동은 어린이는 물론이고 성인들에게서도 발견하게 되는 습관적인 문제 행동이다. 이 행동 자체가 그리 바람직한 것이 아니고 위생상으로도 문제가 있으며 사회적으로도 꺼리는 행동이어서 자녀에게서 이런 행동이 발견되면 부모는 놀랄 수밖에 없다. 정신과적 입장에서는 일종의 강박장애Obsessive-Compulsive Disorder라고도 하며 우리 조상은 교조증咬爪症 또는 교조벽咬爪癖이라는 이름까지 부여한 것으로 보아 이런 습관적 행동은 예전에도 부모네들에게 적지 않은 걱정거리였음을 짐작게 한다.

손톱을 물어뜯는 행동의 원인에 대해서는 여러 가지 설이 있으나 대체로 공격적 충동이 있을 때나 정서적으로 불안할 때 타인을 공격하기보다는 자기 손톱을 깨물면서 이를 극복하려는 기제라고 보는 것이 일반적인 입장이지만 부부간이나 부모-자식 간 또는 가정 내의 여러 문제들 때문에 느끼는 불안이나 불만 등이 원인일 수도 있으며, 입고 다니는 옷이나 생김새 등에 대한 부모, 교사 또는 또래들로부터의 놀림이나 따돌림 등에 대한 적대감에서 비롯된 공격적 충동에 기인한다는 이론도 있다. 경우에 따라서는 급격한 환경 변화에 적절하게 대응하지 못하거나 적응을 하지 못했을 때에도 이러한 행동이 나타날 수 있다는 설도 있다. 심리학적 측면에서는 아이에 대한 부모의 기대가 크면 클수록 많은 것, 높은 성취수준을 기대하게 되어 이것저것 요구하게 되는데 이와 같은 부모의 요구와 기대에 부응하지 못하면 아이는 심한 스트레스를 받게 되고 야단을 맞게 될지도 모른다는 불안감이 생기면서 이를 해소하기 위해 자신도 모르게 손톱을 물어뜯는 행동으로 이어지며 심한 경우에는 자해 행동으로 나타나기도 한다고 본다. 대개는 한두 손가락의 손톱에 국한되기는 하지만 경우에 따라서는 열 손가락의 손톱 모두를 뜯는 예도 있으며 심한 경우에는 발톱을 물어뜯는 사례까지도 있다.

손톱 물어뜯는 행동을 수정하기 위해서 여러 전문가가 나름대로 비방秘方을 제시하고 있기는 하나 무엇보다도 중요한 것은 가정환경과 부모의 양육태도이다. 물론 손톱을 물어뜯는 정도의 나이라면 주변의 시선을 생각할 수 있는 발달단계와 수준에 도달해 있기 때문에 좋은 말로 손톱을 뜯지 말아야 하는 이유를 설명해줄 수도 있다. 어떤 부모는 손톱에 예쁜 매니큐어를 발라주어서 문제행동을 고쳤다는 이야기도 있고, 손톱 끝에 밴드를 붙여서 아예 자기 손톱을 볼 수 없게 만들어 물어뜯을 생각조차 하지 못하도록 해서 효과를 보았다는 부모도 있다.

그러나 손톱을 물어뜯는 행동이 눈에 거슬린다고 해서 이 행동에만 초점을 맞추어 고쳐보려고 야단을 치거나 못하도록 금지하면 아이가 불안 장애를 겪거나 이 버릇이 더 심해질 수도 있으며, 도피 또는 회피행동을 하게 하는 원인이 될 수도 있다. 따라서 문제행동을 수정해보려는 부모들은 손톱을 물어뜯는 행동뿐만이 아니라 그 행동의 이면에 있는 관련 변인들까지를 고려해서 치료나 수정 계획을 세우는 것이 바람직한 방법이다.

동시에 아이의 이러한 행동은 가정 문제나 부부간의 불화, 양육방법의 차이에서 오는 갈등이나 왜곡 또는 결함을 알려주는 신호일 수 있으므로 부모 스스로 자신과 가정을 되돌아보는 계기로 삼아야 한다. 그리고 부모의 과잉보호나 지나친 요구와 기대 또는 형제들 간의 불화 등의 환경적 요인이 문제 행동의 원인으로 지목되었다면 이러한 요인들부터 제거해주는 것이 바람직한 치료 방법이며 순서일 것이다. 따라서 손톱을 물어뜯는 그 행동 자체도 주의해서 살펴보아야 하지만 그 행동의 이면에 숨겨져 있는 원인을 살펴 이를 해결해주려는 노력이 문제 해결의 첩경일 것이다.

문제아問題兒는 없다

자녀문제로 마음 상해하는 부모들과 이야기를 나누면서 매번 느끼고 또 발견하게 되는 것은 "나는 부모로서 해야 할 일을 다 했는데… 아이가 왜 이 지경까지 되었는지 모르겠다."는 탄식이다. 결국, 나는 잘 키워보려고 온 힘을 다하면서 희생을 해왔는데 아이가 잘못된 이유를 모르겠다는 하소연이다. 그런가 하면 어느 주부가 남편과 아이들 교육문제로 다투다가 자살을 했다는 신문 기사도 있고 또 어떤 엄마는 아이들 특기교육을 위한 사교육비 마련을 위해 노래방에서 아르바이트를 한다는 이야기까지 들린다.

요즈음의 젊은 부모들처럼 아이들에게 올인all-in하는 세대도 없을 것이다. 사실 어느 세대인들 자식에게 올인all-in하지 않는 부모가 있을까마는 필자의 주관적 판단이기는 하나 요즈음 세대가 좀 과한듯하다는 느낌을 지울 수가 없다. 이렇게 아이들에게 올인all-in을 하게 된 원인은 우선 적게 낳아서 잘 키워보겠다는 생각과 함께 내 아이는 남에게 빠지지 않게 잘 키워보고 싶은 부모들의 당연한 욕심에서 비롯되는 게 아닌가 한다. 그러다 보니 아이에게 자신의 인생을 걸다시피 해서 온 정성을 다해 키우고 가르쳤는데 인제 보니 그렇게 키운 아이가 문제아로 낙인Labeling이 찍혔다면 부모의 처지에서는 그야말로 말할 수 없을 만큼의 좌절감을 느낄 수밖에는 없을 것이다.

부모의 기대와 꿈이 크면 클수록 자기 아이를 더 잘 가르치고 싶고, 이러한 욕망 때문에 아이들의 행동 하나하나에 관심을 집중시키게 마련이다. 당연히 이어지는 말은 "공부해라."로 시작해서 대개는 "하지 마라."로 끝난다. 친구들과 어울려서 한창 놀고 싶고 멋 부리고 싶고 더 많은 자유를 누리고 싶은 아이들에게 이러한 부모의 과도한 관심과 제지는 거추장스러운 간섭으로 느껴지고 이러한 느낌은 부모님의 가르침에 감정 섞인 대꾸로 이어진다. 대개의 부모는 아이들의 이러한 행동을 반항으로 낙인Labeling찍으면서 "내가 너를 어떻게 키웠는데..." 하며 모든 문제의 원인을 아이들에게서만 찾으려 할 뿐 자신을 되돌아볼 생각은 하지 않은 채 아이들의 대꾸에 대한 분노와 섭섭함만을 표출하려 할 뿐이다. 사태가 이쯤 되면 절제를 배우지 못한 아이들은 스스로 분노조절을 "복종"으로, 부모의 훈계訓戒를 "감동" 대신에 "감정"으로 받아들이기 시작한다.

부모가 되어서 정말 "말할 수 없을 만큼의 좌절감"을 느꼈다면 "내가 어떻게 키우고 가르쳤는가"를 먼저 되돌아보아야 할 것이다. 대개 부모들은 아이들이 자신들의 기대나 눈높이에 미치지 못하면 일단 "문제"라고 낙인Labeling : 烙印부터 찍어놓고 이를 고쳐보려는 노력을 하게 마련이다. 이런 부모들일수록 머릿속에는 "명문대학을 그리며 안정적이고 좋은 직장을 바라는 마음으로" 아이들 교육에 좋다는 것은 다 하려고 하다 보니 아이들의 지성교육知性教育에 관해서는 일가견一家見을 가지고 다양한 이론과 정보를 축적하고 있으며 관심 또한 대단하지만, 인성교육人性教育에 이르면 부모네들이 미처 신경 쓰지 못한 부분이 크게 보인다. 이렇게 자녀교육에 열성적인 부모 슬하에서 자란 아이들이 공부 잘한다고 칭찬과 박수를 받으면서도 사람 됨됨이는 바람직하지 못하다고 손가락질을 받는다면 이는 죄 없는 조상만 욕보이는 결과를 초래할 뿐이다.

자녀지도를 위한 참고서는 그 종류를 헤아릴 수 없을 만큼 많고 또 다양하지만 자녀교육과 지도는 "이렇게 하라"고 구체적인 방법과 방향을 알려주는 맞춤형 네비게이션이 발명되었다는 소식을 아직은 듣지 못하고 있다. 그저 이 길을 먼저 간 사람들이 알려주는 정보나 지혜 또는 경험을 더듬어가면서 한발 한발 미래를 향해 앞으로 나아갈 뿐이다. 자녀교육이 무슨 이론이나 참고서로 그 효과를 볼 수 있는 것도 아니고 그렇다고 하루아침에 이루어지는 것도 아니기 때문이다. 태어나면서부터 시작되는 가정교육을 통해서 철이 들 때까지 부모의 사랑을 밑거름 삼아 이루어지는 것이 바로 인성교육이다. 이를 위해서 아버지가 아이들에게 줄 수 있는 가장 큰 교훈은 아이들의 엄마를 사랑해주는 것이며 엄마가 아이들에게 줄 수 있는 가장 값진 가르침은 가정에서 아버지를 존경하고 노고에 감사하는 마음가짐을 갖도록 하는 것이다. 부모들이 바쁘고 고단한 이민 생활 때문에 얼굴도 자주 볼 수 없는 아이들에게 그 미안함을 돈으로 메꾸려 하기보다는 바쁜 시간을 잠시라도 쪼개서 아이들과 점심이나 저녁 한 끼라도 함께하는 것이야말로 효과적인 대화소통의 길이며 훌륭한 가정교육의 시작이다. 힘들어하는 아이에게 아빠가 전해주는 따듯한 말 한마디, 엄마가 정성스럽게 차려놓고 나간 밥상 한쪽에 놓여 있는 "밥 잘 먹고 힘내!" 라고 쓰인 작은 쪽지는 아이들에게 감동을 주는 부모의 사랑 표현일 것이다.

처음부터 문제아는 없다. 다만 문제부모와 문제아를 만드는 사회가 있을 뿐이라는 말의 의미가 가슴에 와 닿으면서 부모 되기는 쉬워도 부모답기는 어렵다는 어른들의 말씀을 되새겨 본다.

Amanda "우리 집"

반동형성反動形成

옛날 어느 시골 마을에 큰 부자가 살고 있었다. 마을 사람들이 그 집 땅을 밟지 않고는 이웃 출입을 할 수 없을 정도로 땅과 돈이 많은 부자였는데 이 사람이 어느 날 꿈속에 염라대왕을 만나 "저승에 오는 날짜"를 통보받으면서 꿈을 깼다. 몹시 불안해진 이 부자는 자기 집에서 일하는 머슴들에게 큰 잔치를 베풀어주면서 자기 재산의 반을 넘겨줄 테니 대신 "저승"에 갈 사람을 찾고 있다는 말을 하였고 그 순간 머슴들은 들었던 수저를 내려놓고는 줄행랑을 쳐버렸다. 온갖 좋은 조건을 내걸어도 자기 대신 죽어줄 사람을 찾지 못한 이 부자는 집일을 봐주는 집사執事에게 자기 대신 죽어줄 사람을 찾아오도록 명을 내리고는 그 일이 성사되기만을 기다리고 있었다.

어느 날 대신 죽어줄 사람을 구하러 나갔던 집사가 옷이 남루한 늙은 노인 한 사람을 데리고 들어오면서 주인에게 바로 "이 분"이라고 이야기를 하자 주인은 큰 잔치를 열어주면서 이 노인이 정말 자기를 대신해서 죽어줄 사람인가를 확인하기 위해서 물었다.

"그래, 노인장께서는 소원이 무엇입니까?" 주인이 묻자마자 노인은 "내 소원은 그저 빨리 죽는 것이올시다."라고 답했다.

이제는 살았다고 쾌재를 부르면서 이 주인은 그 노인에게 온갖 맛있는 음식을 대접하면서 목욕을 시키고는 좋은 옷 한 벌을 내려주며 말했다. "그날까지 편안히 쉬시다가 가십시오."

비단옷과 맛난 음식을 즐기다가 주인이 하는 말을 듣고 있던 노인은 "그날까지라니요?" 하고 물으면서 주인을 쳐다보았다. 주인은 이제 말할 때가 되었다고 생각하면서 노인을 쳐다보며 천천히 입을 열었다.

"지난번에 우리 집사가 말씀드린 바와 같이 노인장께서 나 대신 저승으로 가주시겠다고 말씀하신 바로 그날이지요."

이 말이 떨어지기가 무섭게 노인은 들고 있던 수저를 놓고 입고 있던 비단옷을 벗어던지면서 "이런 미련한 사람이 있나, 말이 그렇다는 것이지 이 세상에 죽고 싶어 하는 사람이 어디 있어?" 하고 역정을 내면서 부잣집을 뛰쳐나가더라는 것이었다.

이렇게 자신의 내면적 욕구와 상반되는 행동과 태도를 드러냄으로써 욕구와 동기를 은폐하려는 무의식적 행동을 반동형성反動形成, Reaction formation이라고 한다. 이는 정신분석 이론에서 흔히 방어기제defense mechanism 중의 하나로 쓰이고 있는데 우리 생활주변에서 쉽게 볼 수 있다. 사회적으로 용인될 수 없는 욕망이나 경향성이 의식적으로 또는 행동으로 나타나는 것을 방지하기 위해서 또는 남에게 발각되어 부끄러움을 당하지 않기 위해서 그러한 욕망 또는 경향성과는 반대되는 태도나 행동을 일으키는 기제를 일컫는 말이다.

처녀가 "절대로 시집 안 간다."고 하는 말이나 집안의 어르신들께서 "내가 너무 오래 살았구나… 벌써 죽었어야 하는 건데…" 하고 말씀하시는 것이 반동형성의 좋은 예가 될 수 있다.

처녀는 시집은 가고 싶은데 본인이 직접 "나 시집 보내주세요."라고 말을 하자니 쑥스럽고 그런 내색을 어른들께 들키면 부끄러워 그 마음을 감추려는 의도에서 그런 말을 하는 것이다. 또 집안의 어르신 마음 같아서는 이 좋은 세상에 예쁘기만 한 손자, 손녀들과 오래오래 살고 싶으신데 스스로 그런 말씀을 하시기에는 좀 쑥스럽다고 생각할 때 그리고 자식들에게 부담을 주는 것 같아 말하기가 어려울 때 자신의 마음과는 정반대로 말을 하거나 자신의 의사를 그렇게 표현함으로써 자존심을 방어한다고 해서 이를 반동형성reaction formation이라고 말한다.

집안의 어르신들께서 이런 말씀을 하실 때 자식 된 도리로 할 수 있는 일은 이분들이 편안한 마음을 가지실 수 있도록 해드리는 일이다. 입에서 나오는 말이 아니라 진심 어린 마음으로 오늘의 내가 있게 하여 주신 부모님의 은공에 감사하는 마음에서 나오는 말이어야 한다. 그것은 그 어르신들이 나의 미래이기 때문이기도 하다.

할아버지, 할머니, 이렇게 해보세요...

손자나 손녀를 내려다보는 할아버지, 할머니의 눈길은 그야말로 천사의 모습과 비교해 보아도 전혀 뒤지지 않을 만큼 편안하고 부드럽다. 돈을 내고서라도 손자, 손녀 자랑을 하겠다고 나설 때 그 얼굴에 가득한 기쁨과 쉴 사이 없이 쏟아져 나오는 자랑거리는 "그만 하세요."라고 말할 틈도 주지 않는다. 손자, 손녀 자랑에 관한 이야기와 노래는 시작도 없고 끝도 없는 것처럼 보이고 그 노래를 부르는 할아버지, 할머니는 더없이 행복한 얼굴에 함박웃음이 가득하다.

과유불급過猶不及이란 말처럼 바로 이렇게 깊은 사랑 때문에 문제가 생기기도 한다. 맞벌이하는 아들, 며느리가 출근한 후에는 할아버지, 할머니가 아이들을 돌보아주기 마련인데 힘들게 아이들을 돌보고 난 후에 자식들에게서 나오는 말들은 곱지가 않다. 할아버지, 할머니 때문에 아이들 버릇이 나빠졌다거나 응석받이가 되었다는 등 듣기 거북한 소리가 바로 그것이다. 귀엽고 예쁘기만 한 아이들이 하는 행동이어서 모든 걸 "오냐 오냐" 하다 보니 자연 버릇이 나빠졌다는 얘기가 나오고 응석받이가 되었다는 말도 어찌 보면 틀린 말이 아니다.

아들, 며느리가 아이들을 맡기고 출근하는 순간부터 할머니는 보모, 할아버지는 선생님 노릇을 해야 하는 위치에 서게 된다. 이때부터 아이들이 뛰면 넘어질 것 같고 조용하면 또 무슨 일이나 저지르는 게 아닌가 하고 노심초사하면서 온종일 신경을 곤두세우고 있다. 할아버지, 할머니는 아이들이 저희들끼리 잘 놀고 있으면 별 간섭을 하지 않고 있다가 거칠게 뛰거나 울고 싸우기라도 하면 즉시 달려가서 싸우는 아이는 달래면서 말리고 울며 보채는 아이는 먹을 것을 주면서라도 울음을 그치게 하려고 애를 쓰게 마련이다. 이렇게 하다 보니 아이들은 으레 할아버지나 할머니가 역성을 들어준다는 것을 믿고 더 거칠게 놀고, 더 사납게 싸우고, 더 큰 소리로 울며 제 편 들어달라고 아우성을 친다. 이때마다 할아버지, 할머니는 될 수 있으면 좋은 말로 달래가면서 아이들을 진정시킨다. 이런 일들이 반복되면서 아이들은 새로운 행동들을 하나씩 배워가는데 이렇게 배운 행동 하나하나가 아이들 부모의 눈에는 "잘못된 버릇"이요 "응석"으로 비치게 되어 할아버지, 할머니를 난감하게 만든다.

할아버지, 할머니, 이럴 땐 이렇게 해보세요.

손자, 손녀들에게 바람직한 행동이나 습관을 길러주려고 한다면 반드시 지켜야 할 것은 착한 행동은 칭찬해주고 잘못되었거나 바람직하지 않은 행동은 냉정하게 못 본 체해버리는 일이다. 즉 바람직하지 않은 행동은 달래지도 말고 응석을 받아주지도 말며 쳐다보지도 않는 일이다.

우선 아이들이 좋아하는 "먹을 것"을 준비한다. 비싼 것이 아니더라도 아이들이 좋아하는 것이면 되는데, 한 번에 하나씩 나누어줄 수 있는 것이면 더욱 좋다. 먹을 것보상이 준비되었으면 이제부터는 아이들에게 "할아버지, 할머니 말씀을 잘 들으면 먹을 것"을 하나씩 주겠다고 알려준다. 이때 주어지는 보상은 반드시 할아버지, 할머니 말씀을 잘 들었을 때 한해서 보상으로 하나씩 주는 것이지 울거나 싸웠을 때 아이들을 달래기 위해서 주는 것이 아님을 명심해야 한다. 예컨대, 아이들에게서 착한 행동이 보이면 "먹을 것"을 하나씩 보상으로 나누어준다.

아이들에게 주어지는 보상은 반드시 “먹을 것”으로만 한정할 필요는 없다. 연령이나 행동수준에 따라서 다양하게 선정할 수도 있는데, 예컨대 아이들이 좋아하는 놀이나 장난감 또는 좋아하는 TV 프로그램을 보상으로 사용할 수도 있으며 함께 산책한다든지 놀이터에 데리고 가서 놀게 해준다던지 하는 것도 아주 효과적인 보상으로서의 기능을 할 수 있다.

이렇게 바람직한 행동이나 예쁜 습관 등에 주어지는 보상은 처음에는 그런 행동이 일어날 때마다 주다가 그 행동이 자주 일어나는 단계에 이르면 간헐적으로 주는 것이 더 효과적이고, 이렇게 보상을 받은 행동은 이제부터 하나의 습관으로 자리 잡아가게 된다.

할아버지, 할머니가 어떻게 하느냐에 따라서 손자, 손녀가 의젓하고 자신 있게 행동하는 어린이, 창의적인 어린이로 자랄 수도 있고 이와는 반대로 정말 버릇없는 아이, 문제아로 자라날 수도 있다. 이제부터는 할아버지 댁에 가야 “사람이 되어서 온다.”는 말을 들을 수 있는 행동수정 전문가가 되어보자.

너, 왜 그러니?

부모의 삶 가운데서 자녀가 차지하고 있는 비중은 다른 무엇보다 크다. 이렇게 비중이 크다 보니 부모는 자녀가 태어나면서부터 제 몫을 할 수 있을 때까지 단 한순간도 자녀의 모든 것에서 눈을 떼지 못하면서 이들의 성장과 배움을 위해 모든 힘을 기울인다.

올해 8살이 되는 K군의 엄마 역시 아들의 교육을 위해 남들 못지않게 노력을 하면서 대학 시절에 배운 대로 "되도록이면 아들이 스트레스를 받지 않도록" 온갖 배려를 다하고 있는 보통 엄마다. 그러던 어느 날 저녁 식탁에 마주 앉은 아들이 "전에 하지 않았던 행동"을 하는 것이 눈에 띄었다. 처음에는 웃음을 참으면서 "너 왜 그러니" 하고 넘겼었는데 그 우스꽝스러운 행동을 자주 보게 되면서부터 심상치 않다는 생각에 인터넷에서 아이의 행동증상을 찾아보니 틱장애tic disorder라는 말에 놀라 상담실을 찾아 도움을 청하게 되었다.

틱장애tic disorder란 어린이들에게 흔히 나타나는 증상으로 주로 7~8세에 가장 많이 나타나는 행동이라고 알려졌다. 행동의 특징으로는 눈을 깜박거리거나 얼굴을 씰룩거리면서 어깨를 으쓱한다거나 코를 벌름거리기도 하고 "흠흠" 하면서 목청을 가다듬는 소리를 내기도 한다. 어떤 경우에는 머리카락을 쓰다듬거나 몸의 한 부분을 자꾸 만지는 등의 행동을 하기도 한다. 이러한 행동은 대개 두 가지 또는 세 가지를 한 세트로 해서 1~2초 정도 지속하는데 문제는 이러한 행동을 자꾸 반복한다는 데 있다.

이러한 틱장애tic disorder는 증상으로 나타나는 행동을 아동 스스로의 의지로 억제하기가 힘들다. 대체로 억지로 신경을 쓰는 순간 틱tic의 증상으로 나타나는 행동은 잠시 억제할 수 있으나 그것도 잠시뿐, 다시 눈을 깜박이게 된다. 그러나 아동이 잠을 자는 동안에는 틱tic 증상이 사라지고 아이의 마음이 편하면 증상이 줄어들기도 한다. 자녀에게서 틱tic 증상이 처음 나타났다면 대개는 일시적인 경우가 많지만 그렇다 하더라도 그 원인이 무엇인지 주의 깊게 관찰할 필요가 있다.

이러한 행동은 기질적 요인과 심리적 원인 또는 복합적 원인 때문에 나타나는 것이라는 의견이 지배적이기는 하나 아직 구체적으로 밝혀진 바가 없다는 것이 관련 분야 전문가들의 의견이다. 대체로 심한 스트레스가 주원인이라는 의견에는 많은 전문가들도 합의를 하고 있다. 심인성 틱장애tic disorder는 자연적으로 소실되는 경우가 많이 있지만, 스트레스나 불안은 이 증상을 악화시키는 경우가 있으므로 부모들은 과잉기대나 지나친 욕심 그리고 능력이나 적성 등을 고려하지 않고 공부를 강요한다든지 "이상한 행동을 한다"고 자주 야단을 치거나 다른 사람과 비교를 하면서 과잉간섭을 하는 것 등이 자녀에게 스트레스를 주는 요인으로 지적되고 있다는 점을 고려하여 자녀지도에 임할 필요가 있다.

자녀는 부모의 거울이라고도 하지만 자녀의 언어와 행동은 그 가정의 자녀교육이 어떤 분위기 속에서 어떻게 이루어지고 있는지를 알려주는 징표이기도 하다. 따라서 자녀에게서 이러한 행동이 관찰되었다면 부모는 가정환경이나 자녀양육 방법등을 되돌아볼 필요가 있다. 이는 가정 내의 문제와 무관하지 않기 때문이다. 부부간이나 부모 자녀 간에 갈등요인은 없었는지 부모의 과잉기대나 지나친 간섭, 강요, 질책 등은 없었는지를 살펴서 자녀의 스트레스를 해소해주기 위한 신속한 조치를 하는 것이야말로 바람직한 치료방법 중의 하나이다.

이처럼 틱tic은 주변 여건이나 스트레스가 원인이 되는 경우가 많으므로 자녀의 주변을 잘 살펴서 그 원인을 해결해주면 쉽게 치료가 될 수 있다. 될 수 있으면 자녀가 긴장을 풀 수 있도록 충분한 휴식시간을 마련해주는 것이 중요하며 바람직한 행동에 관심과 칭찬을 해줌으로써 자신감을 갖도록 도와줄 필요가 있다. 진단기준에 맞지 않는 사소한 틱tic이나 가벼운 형태의 일시적인 틱장애tic disorder는 즉각적인 치료를 요하지 않으나 상담 전문가와 행동상담을 통해서 전문적인 도움을 받는다면 문제 해결에 많은 도움을 받을 수 있다.

PART 3

교육수상

굼벵이도 뒹구는 재주는 있다!

옛 어른들은 자식을 낳을 때 "제 먹을 것은 갖고 태어 난다."는 믿음이 있었다. 이 말의 의미를 좀 더 깊이 음미해보면 "아이들은 나름대로 재능을 갖고 태어나기 때문에" 이를 잘 갈고 닦노라면 살아가는 데 큰 문제가 없다는 것으로 해석할 수 있다. 판소리 흥부가에 나오는 흥부의 자식들은 모두 25명이었음에도 흥부가 그렇게 태연자약했던 것은 아마도 자기 아이들이 가지고 있을지도 모르는 "잠재적 가능성"에 대한 믿음이 있었기 때문인지도 모른다. 그래서 "굼벵이도 뒹구는 재주는 있다."라는 속담은 이러한 잠재적 가능성에 대한 믿음을 뒷받침해주고 있는 것 같다. 사실 이 말의 참뜻은 언뜻 보기에는 미련하고 좀 덜떨어진 것처럼 보이는 사람도 다 제각기 숨겨진 재주 하나쯤은 갖고 있어서 타고난 성격과 노력으로 한 세상을 살게끔 되어 있다는 이야기인 것 같다.

문화와 생활습관은 달라도 유대인 어머니들 역시 모든 아이들이 저마다 독특한 "재능"을 갖고 태어난다고 믿고 있어서 자기 아이가 남들과 똑같이 공부하고 노는 것을 원치 않는다고 한다. 그네들은 아이들의 장래를 위해서는 다른 아이들과 다르게 "내 아이만의 개성과 잠재적 능력"을 길러주어야 한다고 믿고 있으며 그렇게 키우고 가르치는 것이 성공으로 가는 지름길이라는 믿음을 갖고 있다고 한다. 이들의 믿음 역시 우리의 것과 큰 차이를 보이지 않는 것 같다.

어느 연구에서 스스로 "중산층에 해당한다"고 믿고 있는 1500명의 사회 초년생들에게 직장선택의 기준을 물어보았더니 83%1245명가 "돈 많이 주고 승진이 빠른 직장"이라고 응답했고 17%255명는 "자기의 개성을 살릴 수 있는 직장"을 직업선택의 기준이라고 응답했다. 이들이 응답한 기준에 따라 직업을 선택한 응답자들을 20년 후에 다시 조사해보았더니 이들 중에서 101명의 백만장자가 배출되었는데 단 1명을 제외한 100명이 "자신의 개성을 살릴 수 있는 직장"을 선택했던 17%255명 중에서 나왔다고 한다.

돈 많이 주고 진급이 빠른 직장을 택한 사람들은 돈을 더 많이 벌기 위해 지난 20년간 만족스럽지 않은 일을 하며 살았지만 자신의 적성과 개성에 맞는 직장을 택한 사람들은 탁월한 리더십leadership을 발휘하면서 자기가 하고 싶은 일을 하여 성공과 행복이라는 두 마리 토끼를 잡고 살았다고 한다.

부모 세대와는 생활환경이 다르고 가치관이 다른 요즈음 젊은 부모들은 아이들의 "개성과 잠재능력"에 대한 믿음이나 이해보다는 아이들을 자신의 희망이나 욕심으로 키워가고 있는 경우를 종종 볼 수 있다. 이러한 부모들일수록 아이들의 성격이나 적성은 무시한 채 부모의 욕심대로 자녀들을 "다목적 만능인 사람multipurpose talented person"으로 키우려는 듯 온갖 재능교육을 다하고 있는 것이 현실이다. 이 과정에서 많은 시행착오와 시간 낭비는 물론 심하면 자녀와의 갈등까지 겪으면서도 젊은 부모들은 "꿈은 이루어진다."는 그 큰 희망을 버리지 못하고 있다.

그러나 정말 지금 현명한 부모들이 자녀의 미래를 위해서 시급하게 해야 할 일이 있다면 아이들의 "적성과 잠재능력"을 찾아서 이를 계발啓發해주고 길러주는 일일 것이다. 우리는 선조의 이야기나 유대인들의 자녀교육에서 볼 수 있듯이 모든 아이는 저마다의 재능을 갖고 태어난다고 믿는다. 이런 믿음을 통해서 자신의 아이가 어떤 재능을 갖고 있든지 간에 네가 가진 재능이 "제일"이라는 믿음을 아이에게 심어줄 뿐만 아니라 일상생활을 하는 중에 아주 작은 재능이 보이더라도 칭찬하고 격려해줌으로써 이를 더 강화해줄 필요가 있다.

더 중요한 것은 "제 먹을 것을 갖고 태어난다."는 수동적인 태도를 벗어나 능동적인 사고를 바탕으로 "갖고 태어나는 것"이라면 되도록 빨리 발견하여 선택과 집중을 통해서 이를 갈고 닦아 더 크고 훌륭한 사람으로 키우려는 노력을 게을리하지 말아야 할 것이다. 이를 위한 구체적인 노력의 일환으로 워싱턴 가정상담소에서 매년 실시하고 있는 청소년들과 우리 사회의 여러 전문 분야에서 성공한 전문인들과의 대화Youth Vision Conference는 여러모로 자녀의 앞날을 개척해나가도록 도와줄 수 있는 좋은 기회가 될 것으로 믿는다.

Erin의 그림

평생 웬수怨讐가 부부라는데...

어느 텔레비전 방송에서 시골 노인들을 대상으로 여러 가지 퀴즈게임을 진행하고 있었다. 그 게임 중에서 낱말 맞추기가 참가자들이나 시청자들에게 제일 인기가 있었는데 마침 여든을 넘기신 어느 할아버지가 "천생연분"이라는 글자판을 들고 의기양양하게 할머니 앞에 섰다. 그리고는 그 글자판에 적혀 있는 낱말의 뜻을 설명해나가면서 할머니에게 묻고 있었다.

"우리처럼 이렇게 부부가 오래 행복하게 사는 것을 뭐라고 하지?"

"………"

할머니에게서 얼른 답이 나오지 않자 할아버지는 답답하다는 듯 가슴을 치면서 할머니에게 정색하고 다시 물었다.

"아니 우리처럼 같이 오래오래 행복하게 사는 부부를 왜 이것이라고 하잖아?"

할머니는 그제서야 답을 알겠다는 듯이 만면에 미소를 지으면서 힘차게 대답을 했다.

"웬수원수!…"

객석은 웃음바다가 되었고 약간 당황한 할아버지는 진땀을 흘리며 다시 단어의 뜻을 설명하였다.

"아니 그것 말고 네 글자, 네 글자로 무엇이라고 하지?" 하고 다급하게 묻자 잠시 생각에 잠겼던 할머니는 큰 소리로 대답했다.

"평생 웬수平生怨讐!"

부부란 전생의 웬수원수, 자식은 전생의 빚쟁이라고 한다는 우스갯소리가 있다. 그러나 전생에 대해서 아는 바가 없으니 이 말이 맞는지 틀리는지는 잘 모르겠으나 우리나라 기혼부부들의 이혼율이 47.4%로써 미국의 51%, 스웨덴의 48%에 이어서 OECD 국가 가운데 3위를 차지하고 있다는 통계자료에 나타난 결과만을 놓고 본다면 일견 부부가 "웬수"란 말이 일리가 있는 것처럼 보이기도 한다.

"웬수원수"라고는 하지만 시작부터 그런 관계로 맺어진 사람은 없다. 처음에는 다 좋은 감정을 가지고 만났고 살다 보니 그렇게 변화가 되었을 뿐이다. 생각해보면 그럴 수밖에 없었던 사연들이 있다. 청춘남녀가 처음 만나 결혼에까지 이르렀을 때 그 두 사람은 전혀 다른 환경과 분위기 속에서 나고 자랐으며 가정교육의 형태도 완전히 다른 것이었다. 물론 가정교육의 내용이야 엇비슷했었다고는 해도 관점이나 방법이 달랐을 수도 있다. 자연히 두 사람 간의 "다름"을 서로 이해하고 받아들이는 과정에서 다툼이 생길 수밖에 없었을 테고 그 다툼을 해결하는 과정과 방법이 서툴러서 마음이 상하고 앙금이 생겨 두 사람 간에 틈이 생기는 악순환의 과정이 반복되면서 웬수의 길로 접어들었을 수도 있을 것이라는 가설을 세울 수 있다.

모난 돌이 정 맞는다고 처음부터 서로의 다름을 인정하지 못하고 자존심 싸움을 하다 보면 서로에게 돌이킬 수 없는 마음의 상처를 입히기 마련이다. 그래서 성경에 사랑은 오래 참고 온유하며 성내지 아니하는 것이라고 가르치고 있다. 그러기에 이 가르침을 마음에 새기고 순종했더라면 그저 사랑싸움으로 끝났을 일을 슬기롭게 대처하지 못해 웬수원수의 길로 접어들었을 수도 있다.

싸우면서 크는 것은 아이들만의 일이 아니다. 어른들도 부부싸움을 해가면서 서로의 다름을 인정하기도 하고 받아들이기도 하면서 사랑을 키워가는 것이다. 한평생 속 썩여온 남편이지만 그래도 내 낭군이라는 애증의 표현인 평생 웬수…. 열감기라도 호되게 앓을라치면 달려가 약을 사오는 사람은 그래도 지겨운 웬수밖엔 없다. 젊어서는 연인이어서 손을 잡고 중년에는 친구가 되어 손을 잡으며 늙어서는 서로 아픈 곳을 보듬어주어야 하는 손길이 필요한 삶을 영위해나가는 부부는 서로의 손길을 원하는 평생원수平生願手이며, 그런 모습이 바로 부부인 것이다.

인격人格과 국격國格

외국여행을 하다 보면 반드시 입국절차를 거치게 되는데 내가 가는 나라의 격에 따라 여권passport를 내미는 태도가 다르다는 것을 스스로 느낀다. 입국하려는 나라의 격格에 따라서 입국 심사대 앞에 설 때의 기분과 태도가 다르다는 말이다. 우리가 후진국이라고 생각하고 있는 나라의 입국 심사대 앞에 섰을 때는 여유롭게 여권과 비자 심사를 하는 관리를 쳐다보고 있지만 선진국의 입국 심사대 앞에서는 왜 그렇게 작아지는 느낌을 받는 것일까? 나라의 격格 때문이다.

격格이란 표준 또는 품위를 이르는 말인데 이때 품위란 인간이 가지는 절대적 가치로서 스스로 존경을 요구하는 특질을 말한다. 이러한 특질은 언어와 행동은 물론 우리 생활 전반에서 "내가 대접받는 절대 수준의 결정"에 직접 영향을 미치는데 중요한 것은 이러한 결정은 내가 하는 것이 아니라 나의 격格을 보고 남들이 해준다는 데 있다.

사람에게 인격人格이 있다면 나라에도 절대적 가치로서 스스로 존경을 요구하는 특질인 국격國格이 있을 테고 당연한 귀결이겠지만 그 국민은 외국에 나갔을 때 그 나라의 국격國格에 따른 대접을 받을 수밖에 없다. 지난 88년에 우리나라에서 개최되었던 올림픽은 우리나라의 격格을 높이는 데 결정적으로 중요한 역할을 했다는 것은 우리가 모두 잘 알고 있는 사실이다.

예전 우리 조상은 나라의 격格이 중국에 뒤진다고 믿어서인지 아니면 힘이 모자란다고 생각해서인지 모든 문물은 물론 정신까지 중국에 의존하고 있었다. 당연히 문화도 영향을 받을 수밖에 없어서 한자漢字를 진서眞書라고 하여 귀하게 여겼고 우리의 글은 언문諺文이라고 해서 천대를 해왔다. 일본에 강제합병을 당한 후에는 나라의 격格이 아예 일본국에 귀속되어 우리말이나 글조차 쓸 수 없었던 암흑기가 있었다. 당연히 일본어를 모르면 행세를 할 수 없는 시대를 살았던 분들이 우리 부모님 세대이다. 최근 들어서는 영어 열풍이 한국을 강타

하고 있어서 조기유학이니 기러기 아빠니 하는 새로운 용어가 생겨날 정도로 영어 붐이 일고 있다. 영어를 모르면 행세를 할 수 없는 시대에 사는 셈이다. 대학에서는 영어로 강의하는 교수를 초빙하는가 하면 재학 중에 외국대학에 가서 공부할 수 있도록 장학금을 주겠다는 대학이 생겨나기도 했다.

우리 할아버지 세대는 한자를, 부모님 세대에서는 일본어를 그리고 우리 세대에는 영어를 잘하는 사람이 사회 진출에 유리한 세상인 셈이다. 이 모두가 나라의 격格이 다른 나라들에 비해 뒤떨어지기 때문이 아닌가 생각된다. 만일 우리나라가 강대국의 하나였다면 지금쯤 온 세상의 나라들이 우리 한글을 배우려고 너도나도 애를 쓸 텐데 우리가 그렇지 못하니까 한자를 배워야 했고 일본어를 익혀야 했으며 이제는 영어에 매달려야 하는 판국이 되었다. 물론 외국어를 배워두면 좋은 점이 한두 가지가 아니다. 그러나 그것도 격이 높은 국민의 입장이라면 여유롭게 배울 수 있지만, 격이 낮은 나라의 국민은 생존 가능성이 더 높아지기 때문에 외국어를 배우는 것이므로 입장이 사뭇 다르다.

모름지기 사람도 격格이 있어야 행세를 할 수 있고 대접을 받을 수 있는데 나라의 격格이야 말할 나위도 없다. 이러한 때 워싱턴 지역에 있는 한 공원에 세워진 Bell Garden이야말로 우리나라의 격을 한층 높여준 쾌거가 아닐 수 없다. 메도우락 식물공원 내 코리안 벨 가든Korean Bell Garden에 세워진 평화의 종은 한 · 미 간의 우호와 친선은 물론 문화와 경제교류에 큰 역할을 할 것으로 기대하고 있다. 그러나 이것은 겉으로 들어난 결과들이지만 이러한 문화적 성취는 금전적 가치보다는 심리적 가치가 더 크고 의미가 있다. 북 버지니아의 한 공원에 세워진 평화의 종이 나라의 격을 높여주는 데 큰 몫을 함으로써 이 지역에 사는 한인 교포들에게는 자랑스러운 우리 문화의 상징이되었고, 우리 조국의 힘을 국내외에 과시하는 장의 역할은 아무리 강조해도 지나치지 않을 것이라고 믿는다.

내가 만든 그림자

낙인烙印이라는 말의 사전적 의미는 "불에 달구어 찍는 도장"이다. 쉽게 말하면 불도장쯤으로 해석할 수 있는 낱말인데 일상적 대화 속에서는 "찍혔다"는 말로도 쓰인다. 말 그대로 부정적 의미가 내포된 이 말은 "바보"라거나 "멍청이"라는 말처럼 한번 찍히면 쉽사리 지워지지 않을 뿐만 아니라 내가 지우려고 해도 지워지지 않고 남이 지워줄 수도 없다는 특징이 있다. 또 다른 특징은 우리가 모두 무심결에 내 아이들이나 주변 사람들에게 수시로 낙인烙印을 찍고 있으면서도 아무런 죄의식을 느끼지 못하고 있다는 데 있다. 그러나 이보다 더 두려운 것은 다른 사람에게서 무시당하고 부정적인 낙인烙印이 찍히면 행태가 점점 나쁜 쪽으로 변해가는 스티그마 효과Stigma effect가 나타난다는 사실이다.

이러한 낙인은 내 의지와 상관없이 개인적 또는 집단으로 찍힐 수도 있고 자기가 스스로 자신에게 찍을 때도 있다. 자신감이 부족하거나 열등감에 쌓여 있는 사람이 스스로 "나는 못난이"라고 한다면 이는 자기가 자신에게 "낙인"을 찍는 것이다. 또 어떤 사람이 나에게 "당신 같은 구두쇠.."라고 하면 개인적으로 찍힌 낙인이지만 "수원 깍쟁이"라고 하면 수원지방 출신들에게 집단으로 찍는 경우가 된다. 이처럼 낙인을 찍는 사람은 상대방의 외모나 출신지역 또는 그 사람의 특징 등을 들어서 별생각 없이 찍어 대지만 찍히는 사람의 처지에서 보면 지워버리고 싶은 충동이 일어날 만큼 저주스러운 때도 있다.

학교에서는 새 학기가 시작되면 새로운 친구들을 만나거나 새로운 환경에 적응하는 과정에서 우리는 나름대로의 느낌이나 생각에 따라 이런저런 낙인을 찍는다. 일류대학, 지방대학 또는 전문대학 등은 학교에 대해서 낙인을 찍는 예가 될 수 있고, 사회에서는 선거철만 되면 상대 후보에게 공개적으로 낙인찍는 일들이 일어난다. 이 후보는 이렇고 저 후보는 어떠하며 또 아무개 후보는 이런저런 사람이라는 등의 낙인찍기는 선거유세가 계속되는 동안 "아니면 말고" 식으로 끊임없이 이어진다.

얼마 전에 한국에서 잘나가던 한 여성이 학력위조 문제로 법정에서 징역형을 받고 죗값을 치른 후에 자신이 수감생활을 할 때 썼다는 일기를 중심으로 책 한 권을 냈는데, 그 책 속에 내로라하는 사람들의 이름이 실명으로 거론되어 있었다고 한다. 누구는 도덕 불감증인 사람이고 아무개는 어떻고 하면서 이런저런 낙인을 마구 찍어댔던 모양이다. 당연히 당사자는 "억울하다"는 반응을 보였겠지만 상황은 본인들의 해명과는 상관없이 이미 끝난 후여서 그 불도장은 그 말의 사실 여부를 떠나 그 사람들을 일시에 "그렇고 그런 사람"이라는 낙인을 찍어놓았고 그 순간 책에서 거론된 사람들은 모두 "형편없는 사람"이 되어버렸다. 당사자들이야 억울하고 당황스럽겠지만 이렇게 찍혀진 낙인을 지워줄 수 있는 사람은 아무도 없다.

이럴 때 "나는 아니오."라고 변명을 하고 나서면 나서는 만큼 그 낙인은 더 깊이 자리 잡아가기 때문에 그저 잠자코 입을 다물고 앉아 사실이 밝혀질 때까지 기다리는 것이 제일 나은 방법이다. 마치 Hawthorne의 소설 "주홍글씨The scarlet Letter"에 나오는 여주인공 Hester가 옷깃에 A라는 주홍글씨를 달고 모진 고생을 견디면서 자기의 고뇌를 승화시키는 과정에서 보는 것처럼 그저 묵묵히 참고 견디는 도리밖에는 없다.

낙인烙印…. 누구나 찍을 수 있고 또 누구나 찍힐 수 있는 양날의 칼과 같은 무서운 그림자는 늘 내 주변을 맴돌고 있다. 그런 이유 때문에 우리가 모두 마음에 새겨두어야 할 일은 내가 재미 삼아 던진 돌에 맞은 개구리가 생명을 위협받듯이 우리가 무심코 찍은 낙인烙印 때문에 한 사람의 마음에 지울 수 없는 상처를 남길 수 있다는 점이다. 이 점을 염두에 두어서 마구잡이로 낙인烙印을 찍어대는 일만은 삼가야 할 것이다. 특히 다음 세대를 이어갈 어린이들이나 젊은이들에게 부정적인 낙인烙印을 찍어대는 일이 있어서는 안 될 것이다.

놀이문화와 장난감

시대가 변하면서 환경이 변했고 이어서 사람들의 마음마저 변하면서 우리는 모두 새로운 문화에 적응하도록 은연중에 강요를 당하고 있다는 생각이 들 정도다. 휴대전화는 어느 가정이나 식구마다 한 대씩 갖고 다니는 생활필수품이 되어 있고 컴퓨터 역시 한시도 그 곁을 떠나서는 살 수 없을 만큼 중요한 생활도구로 자리 잡고 있다. 이에 더해서 휴대전화나 컴퓨터의 발전은 이제 언제 어디서나 세계의 어느 곳에 사는 사람과도 실시간으로 영상통화를 할 수 있을 정도로 발전하여 우리 생활에 큰 도움을 주고 있다.

우리는 이제 바쁜 시간을 쪼개서 은행에 직접 가야 할 일도 없고 우체국으로 편지를 부치러 가야 할 일도 없으며 각종 공과금도 집에서, 직장에서 아니면 걸어가면서도 낼 수 있는 편리한 세상에 살고 있다. 내가 필요한 정보나 물건들은 인터넷에 들어가면 얼마든지 찾을 수도 있고 구할 수도 있다. 외출한 아이들의 행방이 궁금하면 위치추적 장치로 어느 곳에서 놀고 있는지 확인할 수도 있으며 낯선 곳에서 길을 찾아 알려주는 기능도 있다. 심심하면 앉은 자리에서 게임도 할 수 있고 영화도 볼 수 있으며 친구들과 문자를 주고받을 수 있는 장난감으로서의 구실도 하고 있으니 휴대전화 하나만 갖고 있으면 만사여의형통萬事如意亨通인 셈이다.

첨단 통신기기 겸 놀이도구들의 특징은 시공을 초월한 새로운 문화를 창조하고 있다는 데 있다. 언제 어디서든지 거리나 시간에 관계없이 외부 세계와 실시간으로 접속할 수 있으며 마음만 먹으면 이 지구상 어느 곳에 있든지 간에 내가 필요로 하는 사람이나 정보에 쉽게 접근하거나 연결할 수 있다는 데 있다. 예전에는 일과가 끝나고 퇴근하면 당연히 관련 업무와 단절이 되었었지만, 지금은 수시로 메일 점검이 가능하고 각종 문서나 작업지시가 모두 스마트폰으로 전달되고 있으니 개인에게는 자유시간이 없어졌고 늘 긴장 속에서 휴대전화의 울림에 귀를 기울여야 하는 세상이 되었다.

첨단문화의 다른 특징은 사람이 기계와 놀고 있다는 점에 있다. 휴대전화 문화가 보급되면서부터 굳이 사람을 만나지 않아도 자기의 뜻을 수시로 필요로 하는 사람에게 전달할 수가 있게 되었고 남의 의견을 언제, 어디서나 물어볼 수도 있고 이를 바로 들을 수 있게 되었다. 만나보고 싶은 사람은 거리나 시간과는 상관없이 영상으로 통화가 가능하고 필요한 정보는 언제, 어디서나 검색할 수 있는 세상이 되었기 때문이다. 그러다 보니 사람들은 굳이 누군가를 만나 이런저런 사연을 이야기할 이유도 없고 할 필요도 느끼지 않게 되었다. 하고 싶은 이야기가 있으면 전화로 하면 되고 보낼 서류가 있으면 컴퓨터나 FAX로 보내면 빠르고 안전하기까지 한데 큰돈이 들어가는 것도 아니고 해서 여러모로 편리하기가 누워서 떡 먹기보다 쉽다.

과학이 발전한 덕분에 손수 해야 할 일들을 기계가 대신 해주고 있어서 우리의 삶이 편안해지고 여유로워진 것은 사실이지만 우리가 기계를 지배하고 있는 것인지 아니면 기계에 종속된 것인지 분간하기가 어려울 때도 있다. 혹자는 이를 빗대어서 "휴대폰의 노예"라고까지 표현하고 있다. 온종일 고개를 푹 숙이고 스마트폰에 열중하고 있는 모습이 마치 주인에게 고개를 숙이며 충성하는 노예의 모습과 비슷하다는데서 유래한 말인 것 같다.

이렇듯 모든 첨단기기가 경쟁하듯 발전과 변화를 더해가면서 우리가 접할 수 있는 문화도 양적, 질적 팽창이 계속되고 있다. 그러나 첨단 과학이 발전을 해나가면 나갈수록 아이로니컬Ironi-cal하게도 새로운 문제가 우리의 삶을 삭막하게 만들어가고 있다는 점도 간과할 수 없다.

우선 우리 가정에서 가족 간에 얼굴을 마주 보면서 이야기를 나눌 수 있는 시간의 양이 점점 줄어들고 있다는 사실을 말하지 않을 수 없다. 가정의 화목은 대화에서 비롯되는 것이며, 위치추적 장치로 아이들을 찾기보다는 엄마의 목소리가 더 정감이 있고 공부에 지쳐 있는 아이들의 마음을 따듯하게 해준다. 문자로 생일을 축하하면서 택배로 보내오는 선물보다는 얼굴을 마주하면서 전해주는 작은 정성이 더 아름답다.

나날이 발전을 거듭하고 있는 새롭고 신기한 놀이도구는 말초적 자극을 부추기거나 폭력적이고 선정적인 성격이 강해서 사회문제가 되고 있다는 것은 이미 알만한 사람은 누구나 다 알고 있는 현실이다. 기계문화에 정情이 있을 수 없고 폭력적인 놀이에 웃음이나 여유가 있을 수 없다. 이런 놀이에서 배울 수 있는 것이라고는 폭력성과 선정성 그리고 조급함뿐이다. 도덕성과 협동성을 배워도 시간이 모자랄 시기에 이와는 전혀 다른 놀이를 배우고 있으니 이들의 미래 행동은 짐작하고도 남음이 있다.

첨단기기문화… 정말 가까이할 수도 없고 멀리할 수도 없는不可近 不可遠 애물단지가 되어버렸다. 보다 유용하게 쓰일 수 있는 생활의 도구가 될 수 있도록 사용하는 지혜가 필요한 때이다.

뜸의 문화와 여유

뜸이란 낱말의 사전적 의미는 "무엇을 찌거나 삶거나 익힐 때에 흠씬 열을 가한 뒤에 그대로 얼마쯤 내버려 두어서 속속들이 푹 익게 하는 것"이다. 일상생활에서 자주 접할 수 있는 낱말이기는 하나 요즘 같이 빠르고 바쁜 일상생활에서 뜸 들인다는 게 생각처럼 쉬운 일이 아니다. 우리들의 생활도 이런 추세에 맞추어서 살아가다 보니 인스턴트 식품을 찾고 조금이라도 더 빠른 것을 찾는 것이 어느 사이에 습관처럼 몸에 배어 있다. 이처럼 "빠름"의 문화는 우리 생활 속에서도 깊게 자리 잡고 있어서 점심이나 저녁을 먹으러 식당에 들어서면서 주문을 하고는 종업원이 미처 뒤 돌아서기도 전에

"빨리"를 외친다. 시대 변화가 빠르고 이에 부응하기 위해 신속하게 대응하지 않으면 생존이 어려운 시대상황을 고려해 본다면 "빨리"를 외치는 사람들을 나무랄 수만은 없다.

우리의 삶을 편하고 윤택하게 도와주는 모든 첨단기기 역시 빠르기를 더해가고 있다. 전자통신 수단이 그렇고 교통수단도 빠르기를 더해 가고 있으며 더 안락하기를 강조하고 있다. 컴퓨터를 쓰는 사람은 늙으나 젊으나 속도가 빠른 것을 찾고, 운전석에 앉기만 하면 "빨리" 가려고 애를 쓴다. "5분 먼저 가려다 50년 먼저 간다."고 그렇게 외쳐대도 사람들은 본능에 따라 빨리 가려고 가속페달을 밟아댄다. 한국 사람들이 특히 휴대전화를 좋아하는 이유도 아마 "빨리빨리"를 강조하는 우리 민족의 속성과 일치하기 때문이 아닌가 생각한다.

그러나 "빠름"을 강조하는 우리 민족의 속성 때문인지 아니면 과학문명의 발달과 첨단기기의 발전 때문인지는 모르겠으나 이러한 변화가 우리 삶에 이득을 주는 것만은 아닌 것 같다. TV와 컴퓨터 그리고 휴대전화가 우리의 삶 속으로 들어오면서부터 가정에서는 부모-자녀 간에 대화가 사라진 지 이미 오래되었고 형제간, 친구 간은 물론이고 부부간에도 휴대전화나 문자로 연락을 주고받게 된 것이다. 굳이 얼굴을 마주 쳐다보지 않고도 대화할 수 있기는 하나 기계를 통해서 전해지는 대화 속에 사람 냄새가 나는 정이란 찾아볼 수가 없다. 엄마 아빠의 음성으로 아이들을 찾는 것이 아니라 위치추적 장치로 어디에 가 있는지를 확인하려 들고 엄마가 지어주는 따듯한 밥보다는 레인지에서 따듯하게 데워서 나오는 인스턴트식품이 맛도 있고 멋도 더 있어 보인다. 이런 분위기에서 뜸을 이야기하면 친구들에게서 따돌림 당하기 십상이다. 자연히 현대인들은 그런 문화에 동화되어가게 마련이고 또 은연중에 그런 문화 속으로 빠져들게 된다.

가랑비에 옷 젖는다는 옛말처럼 슬금슬금 젖어들어 간 첨단문화의 편리한 유혹에 젖어서 이제는 그 속에서 빠져나오려고 해도 나올 수 없는 지경에 이르고 있다. 식음을 전폐하고 컴퓨터 게임에 지나치게 몰두한 나머지 목숨을 잃었다는 신문 보도가 심심찮게 나오기도 하고 휴대전화로 문자를 주고받느라 몹시 바쁘다는 여학생들의 이야기도 쉽게 들을 수 있다. 이러한 와중에서도 첨단문화에 적응하지 못하는 사람들은 새로운 기술, 유행을 따라가지 못해 심신이 거부반응을 일으켜 우울증에 빠지는 기계 우울증techno stress 증세를 나타내기도 하며 기계 공포증Techno phobia에 걸려 고생을 하는 부작용도 있게 마련이다.

이럴 때 우리가 되찾아서 이어가야 할 것이 바로 뜸과 여유의 문화이다. 바쁠수록 돌아가라는 말이 있고 급하게 먹는 냉수에 체한다는 말도 있다. 잠시라도 여유를 찾아서 부모-자녀 간에 대화 시간을 갖고 부부간에도 얼굴을 마주하고 이야기를 나누다 보면 막혔던 감정의 통로가 트이고 감정의 골이 사라지기도 해서 이전에는 알지 못했던 가정의 따듯함이 절로 느껴지게 될 것이다. iPod 화면에 찍혀 있는 화려한 장미꽃은 아름답기는 하나 향기도 없고 감촉도 없는 한 장의 사진일 뿐이지만 꽃밭에서 만나는 장미꽃은 자연의 신비스러움과 함께 우리 마음을 편안하게 만들어준다. 비싸고 좋은 첨단기기는 일을 하는 데 효과적인 도구로 쓰이기는 하지만 그러한 도구들이 엄마, 아빠의 애틋한 마음을 담고 있는 것은 아니며 첨단 과학과 기술이 부부의 사랑을 확인시켜주는 것도 아니다. 그저 생활의 방편인 도구일 뿐이다.

행주치마에 물 묻은 손을 씻으시면서 "뜸이 들어야지..." 하시던 어머니의 음성이 내 귀에 들리는 듯하다.

조상祖上 얼굴에 먹칠하기

한 여성이 자신의 아이를 만졌다는 이유로 할머니를 페트병으로 폭행했다는 이야기, 20대의 한 젊은이가 자세가 삐뚤어졌다며 다리를 툭 친 할아버지에게 심한 막말과 모멸감을 주었다는 기사 그리고 시각장애인이 데리고 다니는 맹도견盲導犬을 보고 소리를 지르면서 막말을 해댔다는 여성의 이야기에 이르기까지 한국 전철에서 일어나는 이야기들과 LA 지역에서 26살의 아들이 60세의 자기 어머니를 골프채로 때려 숨지게 했다는 이야기, 또 애틀랜타 한인 사우나에서 총격으로 일가족이 참변을 당했다는 신문기사들은 듣고 보는 사람의 마음을 몹시 안타깝고 불편하게 만든다.

우리나라가 동방예의지국東方禮儀之國이라는 칭호를 들었다는 이야기는 코흘리개도 다 알고 있는 고전古典 중의 고전이다. 효녀孝女 이야기 하면 수도 없이 쏟아져 나오는 감동적인 사례들이 우리의 마음을 훈훈하게 만들어주었고, 아버지 눈을 뜨게 하려고 인당수에 몸을 던진 심청의 이야기에 이르면 우리는 이렇게 아름다운 나라에 사는 것이 자랑스럽기까지 했었다. 인도의 시성詩聖 타고르Tagore가 "동방의 등불"이라고 칭찬을 아끼지 않았던 우리나라가 아니던가?

도덕적으로 바르고 정신적으로 맑았던 우리나라가 언제부터인가 서서히 이상해져 가더니 이제는 완전히 "막가는" 나라로 변해가고 있다. 가정이 그렇고 학교가 그러하며 사회 또한 그렇게 변해가고 있다. 유산 때문에 형제간에 고소·고발을 하면서 싸운다는 신문기사는 이제 이야깃거리의 축에도 들지 못하고 사람 한둘 죽였다는 살인범에 대한 기사가 늘고 있는데도 무덤덤하게 읽어 내려간다. 학부모가 수업이 진행되고 있는 교실에 쳐들어가서 교사에게 손찌검을 했다는 이야기에서 교권이 땅에 떨어지고 학교가 무너지고 있는 현실을 볼 수 있었고, 지난 2007년 10월에는 어느 아들이 부모님을 모시고 필리핀 여행을 가서 며칠 구경을 시켜드리고는 슬그머니 혼자 귀국했다는 현대판 고려장 이야기에서 이제는 가정까지 무너져 가고 있구나 하는 생각을 하지 않을 수가 없게 되었다.

이 사회에서 그래도 한 말씀 한다는 사람들은 이러한 사회현상을 진단하면서 IMF를 들먹이기도 하고 또 어떤 사람들은 "정치"를 문제발생의 원인으로 지목하기도 하며 학교가 무너진 것을 탓하기도 한다. 모두가 내 탓이 아니라 남의 탓이라는 말이다. 물론 IMF나 정치 그리고 교육에 원인이 전혀 없는 것은 아니겠지만, 문제는 대부분의 사람이 이렇게 어지러운 세상 한가운데서 살고 있으면서도 이러한 현상의 원인에 대해서는 "사돈 남 말 하듯" 한다는 데 있다.

이럴 때 우리는 먼저 "내 가정"을 돌아볼 필요가 있다. 요즘처럼 부모가 자신들이 가진 모든 역량을 아이들에게 기울이던 세대가 또 있었는가? 예전 부모들은 가진 것도 별로 없었던 데다가 자녀를 보통 대여섯은 두고 있었으니 경제적으로 여유가 있었어도 요즈음처럼 할 수도 없었거니와 사회 분위기도 그렇지 못했다. 가족제도가 바뀌고 사회 분위기가 변하면서 그야말로 "자녀중심" 사회로 변하기 시작했고 부모는 하나밖에 없는 "내 새끼"를 위해 언제나 "최고"만을 고집하면서 자기 아이의 기氣를 살려주기 위해서라면 밤하늘에 별이라도 따다가 줄 것 같은 욕심을 가지고 아이들을 기르고 있는 듯하다. 대중식당에서 마구 뛰어다니는 아이에게 조용히 하라고 지적하는 어른을 향해 그 부모가 나서서 "아이 기氣 를 죽이지 말라."고 오히려 큰소리를 치는가 하면, 선생님께 야단맞은 아이의 부모는 즉시 학교로 달려가 수업 중인 교사의 뺨을 때리기도 하고 그것도 모자라 교무실까지 쫓아가서 난장판을 벌이는 일이 일어나기도 한다는 소식들은 군사부일체君師父 一體 라거나 "스승 그림자도 밟지 않는다"던 말이 이제는 우리의 의식 속에서 사라져가고 있음을 알려주는 징후徵候가 아닌가 해서 몹시 걱정스럽다.

이 모든 일이 가정교육이 부실한 데 원인이 있다고 한다면 지나친 주장일까?

예의를 모르는 젊은이는 가르쳐야 한다고 하지만 기실 그런 교육은 어릴 때부터 가정에서 이루어졌어야 하는 기본 중에서도 기본이 되는 가르침이다. 어른을 공경해야 한다는 태도 역시 가정교육이 다루어야 할 덕목이다. 그런 연유로 해서 어린이나 젊은이들의 거칠고 예의에 벗어난 말이나 행동을 보면 당연히 그네들의 부모 모습이 떠오르고 그들이 받았을 가정교육을 생각하게 된다. 이어서 나오는 말은 "가정교육이 안 돼 있구나."라는 말이다. 그 가정교육의 주체는 바로 그들의 부모일 테니 "조상 욕 먹인다."는 말은 바로 그들의 조상인 부모를 욕되게 한다는 뜻이다.

우리는 지구환경의 오염 때문에 물은 정수기로 정수를 해서 먹고 공기는 청정기로 정화해서 숨쉬기를 한다. 우리 주변의 오염된 문화도 이처럼 정화할 수 있는 기계가 발명될 수만 있다면 하루라도 빨리 만들어서 우리도 깨끗하게 정화된 문화를 즐기면서 사람 사는 세상의 참맛을 보았으면 하는 바람과 함께 조상님 얼굴에 칠해진 먹물을 깨끗하게 닦아낼 수 있는 날을 기다린다.

한국문화 미국문화

한국문화와 미국문화는 여러 가지 면에서 비교되는데 두 문화 간에는 공통점보다는 상반되는 부분이 많아서 한 번쯤 이러한 점을 비교해보는 것도 재미있을 것으로 생각한다. 이러한 점 때문에 필자는 늘 "한국문화를 뒤집어놓으면 미국문화가 된다."는 생각을 하고 있다.

우리가 손쉽게 볼 수 있는 예로 소방서에서 긴급구조를 요청할 때 미국에서는 911을 쓰고 있는데 반해서 한국에서는 119로 쓰고 있다. 안내 전화번호 역시 미국에서는 411을, 한국에서는 114를 쓰고 있다. 이것을 단순히 우연한 일로 치부할 수도 있을 테지만 꼭 그렇지만은 않은 것 같다.

더위를 피하거나 추위를 피하는 방법도 전화번호의 경우와 너무도 닮았다. 우선 우리나라에서는 날씨가 더워지면 으레 창문이나 방문 여는 것을 당연한 것으로 여긴다. 혹시 선풍기를 켜놓는다고 해도 일단 집 안에서 열어놓을 수 있는 것은 다 열어놓고 선풍기를 튼다. 그래야 시원하게 느껴지기 때문이다. 그러나 미국인들은 날씨가 덥다고 느껴지면 우선 모든 창문을 닫는다. 냉방장치Air-conditioner를 틀어야 하기 때문이다. 한겨울에 실내 온도를 높이는 방법도 한국과 미국은 정반대로 하는데 한국에서는 아궁이에 불을 지펴서 방고래를 통해 열기를 보내 구들장을 덥혀 난방을 하므로 방바닥에 이부자리를 펴고 잠을 자는데 반해, 미국에서는 난방장치의 특성상 더운 공기를 천장에서 뿜어내어 방 안의 공기를 덥힌다. 당연히 바닥에서 냉기가 올라오게 되어 있어 침대 위에서 잠을 자야만 편안한 잠자리가 되기 때문에 침대 문화가 발전하게 되었다.

그러나 이러한 구조적인 문제와는 상관없이 요즈음 한국에서는 침대 문화가 널리 퍼져 있는데 우리나라식의 난방 구조에서는 침대보다 전통적인 잠자리 방법이 건강에 더 좋은데도 굳이 왜 침대를 선호하는지 그 이유를 모르겠다. "벌거벗은 임금님"처럼 유행에 뒤지기 싫은 허영심 때문인지 아니면 남들이 하니까 무조건 따라 하는 것인지도 모를 일이다. 아니면 그렇게 해야 정신건강에 좋은 것인지도 모를 일이다.

양국 간의 문화적 차이는 옷 입는 모양에서도 찾아볼 수가 있다. 한복은 옷의 품을 여유롭게 만들어 입기 때문에 입은 사람의 태態는 나지 않으나 몸은 편안하게 느껴지는데, 양복은 특성상 신체구조에 꼭 맞도록 지어야 하므로 모든 치수를 정확하게 측정해서 만들어 자기 몸에 꼭 맞기 때문에 태態는 나지만 몸은 한복에서처럼 편안하지는 않다. 또한 한복 윗저고리는 옷고름으로 묶고 바지는 대님이라는 끈을 사용해서 바지의 끝 부분을 발목에서 묶어 간편하게 입는데 양복은 넥타이를 사용해서 목을 조이고 양팔은 단추를 사용해서 셔츠의 소매 부분을 묶는다.

어느 옷이 편안한지는 불문가지의 일이다. 그러나 서양의 문화에서 우리가 배워야 할 부분도 만만치 않게 많이 있다. 그중에서도 음식 장만하는 문화는 우리가 꼭 배워야 할 필요가 있다. 우리나라에서 요리 전문가들이 방송에 나와 음식 장만하는 법을 가르치는 프로그램을 보면 대개 조리과정에서 쓰이고 있는 용어는 참 모호한 부분이 많다. 가장 많이 쓰이는 용어가 "적당량"이란 말이다. 음식 조리를 위한 온도 조절에 대한 용어 역시 애매하기는 마찬가지다. 대개는 "미지근한

불"이라거나 "은근한 불"로 표현되며 그것도 "잠깐"이라거나 아니면 "얼마간" 또는 "장시간" 끓인다고 하면 그 온도와 시간의 양을 짐작하기가 어려운데 사람들은 이러한 모든 것을 통틀어서 "손맛"이라고 한다.

반면 서양요리는 주재료, 조미료의 양, 불의 온도, 조리시간 등을 구체적으로 적시하고 있어서 요리책에서 지시하는 대로 따라 하기만 하면 음식을 만들 수 있도록 되어 있다. 정확하고 객관적인 자료는 많은 시행착오를 통해서 얻어지는 값진 결과다. 이러한 결과물을 우리는 객관적 자료 또는 과학적 자료라고 부른다.

문화란 한 민족이 지켜 내려오면서 가꾸어온 소중한 정신적 재산이다. 그 문화 속에 그 민족의 애환이 담겨 있고 정신이 살아 있으며 정체성을 간직하고 있는 소중한 무형의 자산이다. 이를 보존·발전시킨 민족은 부흥할 수 있으며 잊은 민족은 사라지기 마련이다. 지난날 일제의 잔혹한 통치 속에서도 우리가 지켜온 우리 문화 덕분에 오늘 우리가 창조적인 삶을 영위해 나간다고 생각하면 문화의 중요성을 쉽게 알 수 있을 것이다.

그래도 펭귄은 날고 싶다!
: 워싱턴 문인회 신인문학상 입상작

우리나라는 전통적으로 엄부자모嚴父慈母를 당연한 것으로 알고 그런 가정분위기 속에서 살아왔다.

말 그대로 아버지는 자녀를 좀 엄하게 다스리고 어머니는 인자하게 달래주는 사람이어야 한다는 말이다. 그러나 요즈음처럼 부모의 역할이 바뀌고 있는 시대에는 엄부嚴父가 아니라 대부분 가정이 엄모嚴母를 자연스러운 현상으로 받아들이고 있다. 말은 바뀌더라도 서로 다른 쪽의 역할을 보완해주면 좋을 텐데 그게 아니라는 데 문제가 있다. 그래서 요즈음의 아버지들은 말썽부리는 아이들을 볼 때마다 소리친다.

"너 엄마한테 일러줄 거야!"

과거에는 어디에서든지 아버지는 엄했고 어머니는 상대적으로 자애로웠다. 이러한 부모의 역할이 핵가족 시대로 접어들면서 엄모자부嚴母慈父로 변했다. 이러한 변화의 원인은 세상이 변하고 그 변화의 여파 속에서 여권이 신장하였으며 결과적으로 여성들의 사회진출이 증가하면서 남성들의 자리가 좁아지고 있는 데 있다. 과거에는 금녀의 지역이라고 여겼던 공군의 전투기 조종사까지 여성들이 차지하고 나서는 시대이니 이제 남성이라는 우월한 자리에서 군림하던 시대는 가고 양성평등 사회로 접어들면서 자연스럽게 여성중심의 사회로 변해가고 있는 것이 현실이다.

이러한 가정과 사회문화의 변화는 곳곳에서 발견할 수 있다. 한국청소년정책연구소의 조사 결과 발표로는 "어떤 사람을 가족이라고 하는가?"라는 질문에 이모83.4%, 외삼촌81.9%이 고모나 삼촌보다 많다는 사실과 함께 토요일, 일요일이면 며느리들이 시댁이 아니라 친정집으로 가는 확률이 높다는 현실상황은 이 사회가 서서히 모계사회로 변해가고 있음을 보여주고 있다. 구체적인 통계자료는 없지만 필자의 경험으로도 지금 미국을 방문하시는 어른들의 대부분은 딸이 초청해서 오시는 분들이 많고, 또 이민 온 사람들은 시댁식구들보다는 친정식구들을 초청해 오는 경우가 더 많은 현실은 이러한 변화의 조짐을 뒷받침해주는 근거가 아닌가 생각된다. 딸을 둔 사람은 비행기 타고 아들 둔 사람은 버스 타고 다닌다는 우스갯 소리가 과히 틀린 말은 아닌가 보다.

예전 우리 사회에 회자膾炙되던 군사부일체君師父一體라는 말이 있다. 이때의 아버지父는 임금과 함께 귀한 존재로 대접을 받고 있었음을 암시하고 있다. 또 "스승의 그림자도 밟지 않는다師影不可踏"는 말도 있는데 이때 스승은 대개 남자가 대부분이어서 스승님하면 으레 남자 선생님을 떠올리게 되어 그 권위와 위상을 짐작게 한다. 그 외에도 남자들의 위상이나 그 권위를 의미하는 글이나 말들은 수없이 많아서 우리나라에서 한때는 남성들이 한창 위세를 떨치던 시절도 있었음을 알 수 있게 해준다. 그러나 이제 세월은 흐르고 또 바뀌어 상전벽해桑田碧海가 된 탓인지 나라에서는 머리에 붉은 띠를 두른 사람들이 대통령에게 막말을 해대고, 학교에서는 학부모와 학생들이 선생님을 두들겨 패기도 하고 머리채를 잡고 흔드는 등 학교붕괴와 함께 스승의 권위가 땅에 떨어지는 지경에 이른 세상이 되었다.

이제 그 좋았던 남자들의 세상은 가고 새로운 분위기인 여성시대가 우리 앞에 거창하게 펼쳐지고 있다. 이제 남자들끼리 "우리 집에서 한잔합시다."라는 약속은 아무런 의미가 없다. 아내의 입에서 "잘들 해보셔!"라는 한마디가 떨어지는 순간 남아일언 중천금男兒一言 重千金이라던 그 남자들의 약속은 모시 바지에서 방귀 새듯 힘을 잃어버리고 만다. 가장의 책임을 다하기 위해 직장 생활을 하던 지난 수십 년간 일식一食 님과 이식二食 씨로 대접받으면서 별 탈 없이 사이좋게 살아왔었는데 어느 날 정년퇴직을 하고 하루 세끼 밥을 집에서 먹으면서부터 "삼식이 xx"가 되어버린 남편은 이제 노숙자처럼 아내의 눈치를 보면서 한 끼를 해결해야만 하는 세상이 되어버렸다.

이제 우리는 어질고 부드러운 어머니보다는 더 강한 삶의 의지를 불태우는 전사戰士 같은 어머니를 갖게 되었고 남자들은 옷매무새를 단정히 하고 에티켓과 요리를 배워야 하는 신新아마조네스의 세상이 도래한 것이다. 남자들은 항상 "아내들"이 약속을 하면 아내의 치맛자락에 "젖은 낙엽"처럼 착 달라붙어서 그냥 "쫄래쫄래" 따라가기만 하면 되는 세상이 되었다. 한국보건사회 연구원에서 발표한 여론 조사결과에서도 여성의 71.8%가 "늙은 남편을 부담스러워한다"지 않던가?

그래도 남편들은 "엄부자모嚴父慈母"란 "자신에게 엄하고 자식을 꾸중하려면 먼저 자신을 돌아보라는 말"이라고 억지 해석을 하면서까지 자신을 위로하려고 애를 쓴다. 물론 그런 해석이 틀린 것은 아니나 아내의 기분에 따라 집안 분위기가 완전히 뒤바뀌며 남편은 의무와 책임은 있으나 권리는 없는 존재가 된 이 마당에, 아버지로서의 가부장적 권위를 잃지 않으려는 눈물겨운 노력을 해보기는 하지만 그 일이 그렇게 쉬운 일은 아니다. 마치 날고 싶은 펭귄이 눈물겹게 날갯짓을 해보지만 그 두 발은 땅에 붙어서 영 떨어질 줄 모르는 것처럼…….

그래도 이 시대의 펭귄은 땅바닥에서 먼지만 일으키는 힘없는 날갯짓을 할지언정 "아, 옛날이여!"를 외치면서 저 하늘을 향해 높이 날고 싶은 꿈만은 아직도 접지 않고 가슴에 끌어안고 있다.

사랑의 덫, 과잉보호過剩保護

지난해 늦가을에 아내는 삼색제비꽃Pansy을 여러 그루 사다가 집 앞에 있는 화단에 심었다. 내심 저 여린 꽃들이 겨울을 잘 넘길 수 있으려나 하는 의구심이 일었지만 꽃을 심는 아내의 손길에 자신감이 배어 있어서 다른 말을 할 수가 없었다. 그렇게 심은 삼색제비꽃Pansy은 추운 겨울의 터널을 벗어나면서부터 화려한 꽃잎을 자랑스럽게 내보이며 우리 집 화단을 장식하고 있고 지금은 제철을 만난 듯 아름다운 자태를 자랑하면서 앞다투어 꽃을 피우고 있다.

활기에 차 있는 삼색제비꽃Pansy 옆에는 지난 늦가을에 추위를 피해 집 안으로 들여놓았던 여러 종류의 화초들이 햇볕 아래에서 초라한 모습으로 잎새를 늘어뜨린 채 기운 없이 우두커니 놓여 있다.

집 안에서는 그렇게 화려하고 예쁘기만 했던 화초 잎사귀들이 봄볕 한나절 쬐고 나더니 모양과 색깔이 변해 볼썽사나운 모습을 하고 있어서 잎사귀를 잘라버렸더니 지금은 "꽁지 빠진 닭"처럼 초라한 모양새로 자리를 지키고 있는 것이다.

사람의 경우라고 다를 바가 없다. 자기 자식 중한 것을 모르는 부모가 어디 있으랴마는 우리 속담에도 "귀한 자식은 매 한 대 더 때리고 미운 자식은 떡 한 개 더 준다."고 하듯이 귀한 자식일수록 인지, 정의, 행동적으로 강하게 키워야 한다는 묵시적 신조가 자녀교육의 근저에 살아 있어 우리 옛 조상님들의 자녀양육 태도를 엿볼 수 있게 한다.

그러나 사회 문화적 환경의 변화, 특히 핵가족화 시대로 변화함에 따라 젊은 부모들은 자녀양육에 대한 경험적 정보나 자료를 얻을 기회가 부족하게 되고 인터넷이나 육아잡지 등을 통해서 전달되는 정보를 신봉하면서 조건 없이 사랑과 돈을 쏟아붓고 있는 사례가 늘어나고 있다. 이러한 주변 상황과 더불어 요즘처럼 자녀를 하나 또는 둘밖에 키우고 있지 않은 부모들일수록 아이들에게 많은 관심과 사랑을 주면서 남보다 "조금 더" 잘 키우려는 욕심이 사랑의 덫인 과잉보호라는 육아형태로 변질하게 하는 원인이 되고 있다. 이는 부모만의 문제에서 비롯되는 것이라기보다는 자녀의 특성이나 주변 환경의 영향 등이 복합적으로 작용한 결과라고 할 수 있다. 또한 아이들의 문제가 제기될 때마다, 갈등이나 또는 자녀양육 방법과 관련해서 부부간에 의견 차이가 있을 때 그 갈등이나 불만을 해소하기 위해 이를 자녀에게 투사하려는 데 원인이 있는 것은 아닌지 하는 점도 살펴볼 필요가 있다.

과잉보호의 폐단에 대해서는 아동심리학자들이 여러모로 연구해서 발표는 하고 있지만 일반적으로 과잉보호를 하는 부모 슬하에서 자라난 아이들은 대체로 정서적 부적응과 행동적 문제를 유발하는 것으로 알려졌다. 특히 욕구불만을 이겨내는 힘이 약해지고 자립심이 부족하며 남에게 의존하려는 의타심이 커진다는 데 문제가 있다. 집 안에서는 왕처럼 군림하면서도 집 밖에 나가기만 하면 자신이 없어지고 우유부단해지는 등 행동상의 문제가 있을 뿐만 아니라 친구들과의 관계 형성이 원만하지 못해 외톨이가 되는 때도 있다. 이렇게 자라난 아이들의 특성 가운데 하나는 사소한 일일지라도 스스로 의사결정을 하지 못하고 부모에게 의존한다는 것이다.

아이들의 자신감이나 스스로 하려는 마음가짐은 말로만 길러지는 것이 아니며 어느 날 갑자기 생겨나는 것도 아니다. 아이가 성장해감에 따라 그 연령대에 감당할 수 있는 일을 스스로 해결해나갈 수 있도록 격려해주며 아이들에게서 한 발 뒤로 물러나 가능한 간섭을 줄이고 다양한 체험을 통해 시야를 넓힐 기회를 마련해주며 여러 모임을 통해서 사회성을 기를 수 있도록 도와주는 것이 참된 부모가 해야 할 일이다. 겨울을 이겨낸 삼색제비꽃Pansy의 의젓하고 생기 넘치는 모습을 보면서 부모의 절제된 사랑과 가르침이야말로 자녀에게 값진 교훈이 된다는 것을 한 번 더 생각하게 된다.

5월엔 팔불출八不出이 되자!

팔불출八不出이란 말의 어원에 관한 이야기는 여러 가지가 있다. 혹자는 불교용어인 여덟 가지 미집迷執의 부정에서 비롯된 것이라고도 하고 어떤 이는 원래 팔삭동八朔童에서 비롯된 말인데 제달을 다 채우지 못하고 여덟 달 만에 태어난 아이이기 때문에 온전하게 다 갖추지 못했다고 해서 팔불용八不用 또는 팔불취八不取라고 하는 데 근거하고 있다고도 했다. 또 어떤 사람은 한국 사람들에게 팔자八字는 팔방미인八方美人에서 볼 수 있는 것처럼 상징적 의미로 친근하게 쓰이는 숫자여서 인간의 홀로서기를 위한 계훈戒訓으로 여덟 가지를 말하면서 쓰이기 시작한 것이라고도 했다.

그러나 이 말은 일반적으로 "덜떨어진 사람"이거나 또는 "좀 모자라는 사람"을 일컬을 때 쓰이는데 우리 사회에서는 종종 아내나 자식을 남들에게 자랑하는 사람을 놀리거나 비꼬아서 말할 때 쓰이기도 한다.

유교문화에 젖어 있던 우리 어른들은 남들에게 자기 가족들을 소개할 때 가돈家豚이라 했고 자기 아내를 남들에게 소개할 때는 졸처拙妻라고 했던 시대도 있었다. 예의염치禮義廉恥를 중시하던 그 시절에 자기네 가족을 남들에게 소개한다는 일이 익숙하지 않았을 뿐만 아니라 이에 더해서 겸손하기까지 해야 양반 대접을 받을 수 있었고 유식하다는 말을 들을 수 있었던 관습이 있었기 때문이다. 이러한 관습이 우리 문화 속에 자리 잡고 있어서 오늘날까지도 팔불출八不出로 이어져 내려오는 것이 아닌가 하는 생각마저 든다.

팔불출八不出의 의미가 그렇게 무슨 유전자처럼 오늘날까지 이어져 내려왔다고 해도 이제 우리가 사는 세상은 많이 변했다. 뽕나무밭이 변하여 푸른 바다가 되었다는 상전벽해桑田碧海란 말처럼 모든 게 완전히 그리고 빠르게 변화하는 세상이어서 우리의 생각과 행동도 그만큼 빠르게 변화에 부응해야만 살아남을 수 있는 세상이 되었다. 이름 하여 디지털 시대Digital Era라고 하는 세상인데 이제는 소라 게Hermit Crab와 같이 자기 몸을 숨기거나 낮추는 세상이 아니라 자기 자신을 남들에게 적극 알리는 것이 미덕인 세상이 된 것이다. 더욱이 오늘날처럼 가치관의 갈등과 변화가 끊임없이 일어나는 현대사회에서는 수동적 태도보다는 능동적인 삶의 태도와 방법이 더 가치 있고 필요한 것으로 치부되고 있다. 물론 때와 장소에 따라서 공손한 것이 좋을 때도 있고 또 자기를 낮추는 것이 바람직하게 여겨질 때도 있겠지만 어찌 되었건 엄격한 자기 통제식의 소극적 태도는 이 세상을 살아가는 데 큰 도움이 되지 못한다는 사실은 확실하다.

이처럼 변화된 사회 환경에 적응해나가기 위해서 과공비례過恭非禮란 말의 의미를 되짚어보는 것도 필요할 것이라는 생각이 든다. 지나친 겸손은 오히려 예의에 어긋난다는 말을 곱씹어보면서 변화된 세상에 걸맞게 말하고 행동하며 나와 내 가족을 남들에게 자랑스럽게 알리는 것은 물론 가능하다면 내 능력까지도 남들에게 알리려는 적극적인 태도야말로 오늘을 사는 우리에게 필요한 덕목이 아닐 수 없다.

이 아름다운 계절 5월에 아내자랑, 자식자랑 그리고 이왕 나온 김에 손자, 손녀들 자랑까지 마음껏 하면서 가정의 정신건강과 행복은 바로 팔불출八不出이 있는 곳에서 부터 시작된다는 것을 만천하에 알려주는 행복전도사가 되어보자.

세븐 업Seven Up과 쌈지三智

요즈음 노인들 사이에 유행하고 있는 세븐 업Seven Up이라는 말이 있다. 인생을 사는 처세훈處世訓이라는 점잖은 말로 노인들에게 "이렇게 하라."고 하는 일종의 행동지침인 셈이다. 마음에 꼭 새겨놓아야 한다고 다짐하면서 일러주는 그 일곱 가지 수칙을 수첩에 적어놓을 때까지만 해도 그냥 우스갯소리거니 했는데 막상 그 행동지침을 실천해보려고 하니 말은 화려하고 멋진 것 같은데 마땅한 기회가 없다.

이와 같은 처세훈處世訓이 나오게 된 동기는 아마도 노인 인구의 증가와 관련된 것일 게다. 유엔UN에서는 2050년에 전 세계 인구를 100억 명으로 추산하면서 이 가운데 60세 이상의 노령 인구는 20억 명에 이를 것으로 전망했다. 우리나라도 노인 인구가 경제협력기구OECD 국가 중에서 가장 빠르게 증가하고 있다고 한다. 한국인의 평균수명은 남성이 76.1세, 여성이 82.9세이며 2010년 총인구 중 65세 이상의 노인이 차지하는 비율이 11%에 이르고 있는데 2026년에는 65세 이상 인구가 전체의 29%를 넘을 것으로 추산하고 있다.

이와 같은 통계치와 사회변화 때문에 노인세대라거나 고령화시대 또는 고령화사회 등은 우리에게 익숙하게 들리는 낱말이 되기는 했지만 부담이 되는 말이라는 점 또한 부정할 수 없다. 과거에는 공경의 대상이었지만 요즈음의 세대에겐 마치 짐짝처럼 부양의 의무를 갖게 되는 부담스런 존재로 인식되어 혼란을 일으키고 있다. 이런 현상을 초래한 데에는 여러 이유가 있을 수 있겠지만 그중에서도 매스컴의 영향을 말하지 않을 수 없다.

노인을 위한다는 취지로 진행되는 방송에서는 노인의 궁핍하고 어려운 현실만 보여줄 뿐 아름다운 실버의 이미지나 평범하게 살아가는 노년의 아름다움 등은 보여주지 않는다. 대중매체를 통해 노인의 주름진 얼굴과 거북이 등 같은 손등은 볼 수 있지만 현장에서 땀 흘리면서 세상을 적극적으로 살아가는 노년의 미소는 찾아볼 수가 없다. 결과적으로 노인들이란 이 사회에서 비생산적이며 우리가 돌봐야 할 대상이라는 상황설정과 성급한 일반화가 진정한 실버세대의 건강한 모습을 감추어 버리는 것이다.

영국의 작가 버닝햄2002이 노인에 관한 각계 인사들의 단상斷想을 모은 책 "내 인생의 가장 행복한 날"을 준비하면서 석유 재벌인 폴 게티Paul Getty에게 원고를 부탁하는 편지를 보냈다. 얼마 후에 폴 게티에게서 답장이 왔는데 "나이가 드는 것에 대해서는 드릴 말씀이 하나밖에 없습니다. 나이가 드는 줄도 몰랐고 내가 나이가 들었다는 사실에 동의하지도 않습니다." 이러한 답장을 보낸 폴 게티의 당시 나이는 일흔이었다고 한다.

또한, 미국의 은퇴자 협회는 지난 1999년 12월 "포춘Fortune"지가 선정한 가장 영향력 있는 단체 1위로 꼽히기도 했는데 이 단체의 구성원들은 기존의 수동적인 노인의 이미지와는 사뭇 달리 "그레이 파워Gray Power"라는 막강한 영향력을 행사하는 압력단체의 하나이면서 "실버데모크라시Silver Democracy"라는 말을 만들어낼 만큼 노인들의 정치적 영향력을 확대했다고 한다.

이제 우리 사회의 노인세대는 "세븐 업Seven up"이라는 행동지침에 의지하여 사회의 주변을 기웃거리는 세대가 아니라 자기 분수를 알고知分, 자기 분수를 지켜 만족할 줄 알며知足, 자기 분수에 지나치지 않도록 그칠 줄 아는知止 정신적 지침인 쌈지三知 정신으로 미래세대를 이끌고 이들이 앞날을 개척하는 데 도움을 주면서 자신의 삶을 적극적으로 개척해나가는 실버세대여야 한다.

이를 위해서 이 사회에서는 천편일률적인 교양이나 오락 위주의 프로그램에서 벗어나 노인들의 교육 요구를 충족시켜 줄 수 있는 다양하고 수준 높은 프로그램을 갖추어야 한다. 또한 노인을 위한 교육뿐만이 아니라 세대 간의 갈등을 극복하기 위해 다른 세대들에게도 "노인에 관한 교육", "노인에 의한 교육"이 준비되어야 한다.

이러한 노력이 결실을 볼 때 이 사회의 노인들 얼굴에는 비로소 살아 있는 역사, 미래를 준비하는 기쁨의 미소가 가득할 것이다.

시선視線의 심리학

인간은 다른 동물에 비해 후각에 의존하는 비율이 낮고, 주로 시각과 청각을 사용해서 상황판단을 하고 의사소통을 해나간다. 따라서 시각적 능력은 인간의 지각능력이면서 또한 감각적 능력이기도 하다. 그래서 "눈치"라는 말이 있는지도 모른다. 눈치란 다른 사람의 기분이나 또는 어떤 주어진 상황을 때에 맞게 빨리 알아차리는 능력을 말하는데 "눈치가 빠르면 절에 가서도 젓국을 얻어먹을 수가 있다."라는 말은 시각의 지각적 가치를 잘 말해주고 있다.

이처럼 인간의 시각은 여러모로 자신의 감정이나 의사를 남에게 알린다거나 이를 통해서 상대방의 감정이나 의사 등을 간접적으로 파악할 수 있는 아주 귀중한 자료가 될 수도 있다. 예를 들어 상대가 얼굴을 붉히면서 나를 똑바로 바라보고 있다면 우리는 대뜸 "저 사람이 화가 났나 봐." 하고 생각하게 되는데 이때 그 사람의 얼굴색을 본다든지 시선의 위치 등이 그런 판단을 가능하게 하는 근거가 되는 것이다.

영국의 뉴캐슬 대학교의 멜리사 베이트슨Bateson M. 2006과 그의 동료가 발표한 실제 상황에서 감시당하고 있다는 계기자극이 협동심을 증강하는지에 관한 연구Cues of being watched enhance cooperation in a real world setting 결과는 우리에게 시선의 의미를 새롭게 생각하게 하는 좋은 사례라고 할 수 있다. 연구자들은 교직원 식당University coffee Room을 이용하는 실험참가자들 48명남 23, 여 25이 무인 판매대 앞에서 식대를 정직하게 지불하는가를 10주 동안 관찰했다고 한다. 실험을 위해 일주일 동안은 음료의 종류와 가격을 적은 메뉴판 위에 식대지불 하는 것을 감시한다는 의미에서 "한곳을 응시하는 사람의 눈 사진"을 붙여놓았고, 그다음 일주일 동안은 "응시하는 사람의 눈" 대신에 여러 종류의 꽃 사진control image을 붙여놓았는데 10주 후에 나타난 실험 결과는 참으로 놀라웠다고 한다.

"사람의 눈" 사진을 붙여놓은 첫 일주일간의 식대 지불 금액이 꽃과 같은 "통제된 상control image"을 걸어놓았던 일주

일간의 수금액보다 2.8배나 많았다고 한다. 이 연구결과를 해석한 베이트슨과 그의 동료는 "단순히 사람의 눈 그림이나 사진만으로도 사람들의 행동에 영향을 미친다."는 사실을 확인했다고 하였다.

옛말에 "눈은 못 속인다."는 말은 인간의 시각이 감각영역의 70%를 차지하는 가장 예민한 기관이라고 보았기 때문이다. 결국 눈빛만 보면 상대방의 속마음을 짐작할 수 있다는 말일 것이다. 따라서 시각적 자료를 잘 활용하기만 하면 가정에서나 학교에서 그리고 사회에서 상대방을 이해하고 그의 속마음을 읽을 수 있을 것이라는 가정을 할 수도 있으며, 그만큼 상황을 부드럽게 이끌어갈 수가 있고 적응능력도 한층 높일 수 있을 것이다.

사실 분위기 파악은 상대방의 시선만 보고도 능히 짐작할 수가 있다. 보통 우리가 "눈치"라고 말하는 것인데 일반적으로 상대방이 전달하고자 하는 이야기가 이해가 되지 않아 머릿속에서 이리저리 생각을 하고 있을 때 사람들의 시선은 대개 위로 향한다. 따라서 대화를 하는 중에 상대의 시선이 자꾸만 위로 향한다면 이야기의 주제를 자세하게 설명해줄 필요가 있다. 이는 상대방이 대화의 내용을 이해하지 못하고 있거나 대화의 주제에 대해서 적절하게 반응을 하지 못하고 있다는 징표이기 때문이다.

부모님이나 선생님께서 이런저런 말씀을 하실 때 학생의 시선이 왼쪽이나 오른쪽으로 향하고 있다면 이는 그분들이 말씀하시는 내용이 마음에 들지 않거나 불만족스럽다는 표시라고 보면 된다. 직장에서 윗사람에게 꾸중을 듣는 사람의 시선이나 아내의 투정에 기분이 상한 남편의 시선 역시 옆으로 향해 있을 것이다. 이러한 상황에서라면 이야기를 듣는 사람이 심리적으로 불편하다고 느끼고 있기 때문에 계속 중언부언하기보다는 이야기를 멈추거나 주제를 바꾸어서 분위기를 누그러뜨릴 필요가 있다. 아무리 좋은 소리라고 해도 여러 번 듣게 되면 부담스러운 것이기 때문이다.

시선의 심리학이 우리에게 상대방을 이해할 수 있는 자료를 축적해서 인간관계 형성에 보란 듯이 쓰이기를 기대하면서 오늘도 사람들 속에서 눈치의 의미와 가치를 살피고 있다.

Vera(2012)

선무당이 사람 잡는다

"선무당이 사람 잡는다." 는 말이 있다. 미숙한 사람이 잘하는체 하다가 일을 그르쳐놓는다는 말인데 요즈음처럼 인터넷에만 들어가면 내가 알고 싶은 것을 모두 알 수 있는 시대에는 선무당이 설 자리도 없을 것 같다. 누구든지 간에 뭘 좀 아는 체 하다가는 큰코다칠 것이 뻔하기 때문이다.

지난 60년대, 당시 여름철이면 지금처럼 멋진 모양과 맛을 지닌 것은 아니더라도 얼음과자가 있었는데 나무젓가락에다가 얼린 어름을 꿰어서 만든 것이었다. 당시에 골목 안을 점령하고 있던 조무래기들은 이 얼음과자를 "아스께끼"라고 부르고 있었는데, 동네 꼬맹이 중 하나가 방학 중에 여러 날 서울 친척 집에 나들이를 하고 온 뒤에 아이들을 다 불러 모아 놓고는 목청을 돋우어가면서 "서울 구경"한 소감을 자랑삼아 늘어놓고 있었다. 그 녀석의 이야기 중에 "야, 서울 가니까 '아스께끼' 라고 하지 않고 '아이스케이크' 라 하더라."고 하면서 "께끼"라고 하지 말고 이제부터는 "케이크"라고 하자는 것이었다. 그 말을 듣고 있던 온 동네 꼬맹이들은 일시에 "케이크"가 뭐냐 "께끼"가 맞다고 떠들어대면서 서울 갔다 온 친구를 윽박질러 댔다. 한참을 그렇게 당하고 있던 그 친구는 수적으로 밀리고 자기 혼자 주장하고 있는 것이 자신이 없었는지 슬그머니 목청을 낮추고는 "그래, 께끼가 맞는다."고 하면서 서울 구경을 해보지도 못한 선무당 집단에게 항복을 했고 우리는 다시 그 얼음과자를 "아스께끼"로 부르게 되었다.

예전에 공부를 마치고 귀국하는 길에 우리 집 온 식구가 "대륙횡단을 해보자."는 나의 제언에 만장일치로 합의를 하고 긴긴 여행길에 올랐던 적이 있었다. 워싱턴 디씨Washington D.C.를 출발점으로 해서 북쪽으로는 캐나다 국경인 나이아가라 폭포Niagara Falls를 찍고 시카고Chicago를 거쳐 LA까지 긴긴 여행길은 우리 온 가족에게 두고두고 이야깃거리를 만들어 준 여행이기는 했으나 그때 내린 "대륙횡단 여행" 결정은 내가 "무식한 선무당"이었기 때문에 가능했었을 것이다. 유학생이 가진 재산이라고는 그간 타고 다니던 중고차 밖엔 없었는데 다행히 우리 식구들이 모두 건강했기 때문에 LA까지 별다른 사고 없이 도착할 수 있었다. 여행 도중에 정말 아찔한 사건도 있었고 온 식구들이 자동차의 계기판을 들여다보면서 가슴을 조이던 순간도 있었다. 라스베이거스에서 LA까지 가는 도중 사막 한가운데서 차를 세워놓고 가열된 엔진의 열기가 내릴 때를 기다리던 그 길었던 순간은 지금도 생각만 하면 등줄기에서 식은땀이 흐를 정도로 무서웠다. 만일 이런 일을 지금 다시 하라고 한다면 나는 물론이고 유난스럽게 모험심이 강한 우리 집 식구들이긴 하지만 모두 "글쎄올시다."를 연발하면서 뒤로 한 발짝씩 발을 빼지 않을까 생각한다.

우리 주변에서도 선무당 같은 사람들을 심심찮게 볼 수 있다. 약을 사러 약국에 가서는 습관적으로 "약사"가 되는 선무당도 있다. 분명히 전문 약사가 앞에 서 있는데도 스스로 진단을 내려가면서 약 처방까지 하는 경우는 아마도 한국 사람이라면 한두 번쯤은 경험이 있을 것이다. 입시 철이 되면 학부모들은 또 입시 전문가가 되기도 한다. 인터넷이나 주변 사람들로부터 얻어들은 정보를 바탕으로 입시에 관한 한 전문가다운 "체"를 한다. 다이어트를 하는 사람들은 또 그들대로… 무슨 전문가나 되는 것처럼 자신의 경험을 바탕으로 다이어트에 대해서 일갈하곤 한다. 이러한 선무당 중에서 우리가 경계해야 할 사람은 아무래도 아이들의 교육과 관련된 분야에서 일하고 있는 사람들일 것이다. 특히 부모들의 관심이 집중되고 있는 아이들의 지능이나 창의력과 같은 인지적 분야에서는 많은 연구가 이루어졌음에도 미개척 부분이 많이 있기 때문에 선무당들이 멍석을 깔고 판을 벌일 수 있는 공간이 아직도 많이 남아 있다. 예컨대 지능이나 창의력과 같은 문제는 전문가들도 조심스럽게 다루는 아주 민감한 사안인데도 이를 부모들에게 신비한 요술단지 속에 들어 있는 무슨 큰 비밀이나 되는 양 호기심과 궁금증을 자극하면서 전문가인 체를 하는 경우를 볼 수 있다. 지능지수를 구체적인 숫자로 알려준다거나 이 수준이면 무엇을 할 수 있다는 등의 친절한 해석까지 곁들여서 인지적 영역에 전문 지식이 없는 학부모들을 겁주거나 당황하게 하고 순진한 어린 학생들을 절망하게 만드는 사례 등은 주로 선무당 수준의 지식을 갖고 있는 비전문가들의 손에서 일어난다. 선무당은 그저 선무당일 뿐이다.

사회교육의 현장

이 나라에 살면서 여러 가지 새로움에 놀라기도 하고 답답함에 짜증이 나기도 하지만 가끔 만나는 감동적인 장면들 때문에 마음이 훈훈해지거나 답답하던 마음이 시원해지는 경험을 할 때마다 참 좋은 나라에 살고 있다고 자부하게 된다. 문화적 충격이 아니라 문화적 감동을 하기 때문이다.

며칠 전 출근길에서 본 장면은 내게 감동을 넘어 충격적이기까지 했다. 물론 당연한 일이라고 치부해버리면 그만인 일상적인 일이기는 해도 그런 장면을 목격해본 경험이 없는 나로서는 정말 대단한 경험이었다.

늘 다니는 출근길에 느닷없이 차가 정체되기 시작했다.

잠시 정체되는 것이려니 하고 기다리고 있는데 얼마간을 기다려도 여전히 정체된 채 움직일 줄 몰랐다. 그러나 주변의 어느 차에서도 경적소리 하나 없이 조용히 길이 뚫리기만을 기다리는 것이었다. 그러기를 다시 얼마간이 지난 후에서야 그날 정체의 이유를 알게 되었다.

한 백발노인이 지팡이를 짚고 천천히 길을 건너가고 있었다. 걸음걸이가 불편한 노인이신지라 걷는 속도가 느릴 수밖에 없었는데 더 감동적인 것은 그 노인이 길을 건너 보도블록에 오르시기까지 길 양쪽에 서 있는 차들이 약속이나 한 듯 조용히 기다리고 서 있는 장면이었다. 그림같이 아름다운 장면이었고 하루를 시작하는 출근길에 있던 사람들의 마음을 한없이 행복하게 만들어준 연출이었다.

어느 토요일, 아침 운동을 하려고 공원으로 가는 길이었다. 약속된 시간에 맞추어 가야 했기 때문에 서둘러 가는 길에 차들이 길게 늘어서 있었다. 무슨 사고라도 난 듯 싶어 차창을 열고 앞을 내다보니 감동적인 장면이 내 시야에 들어왔다. 가끔 목격되는 일이기는 하나 볼 때마다 신기한 상황이 아닐 수 없다. 기러기 가족이 길을 건너가고 있었는데 앞뒤에는 좀 큰 기러기 두 마리가 사방을 둘러보면서 자기 가족들을 인솔하듯 아주 여유롭게 걷고 있었다. 이들이 가는 길을 방해하는 차나 사람은 없었다. 그네들이 편안하게 길을 건너갈 때까지 멀찌감치 서서 조용히 기다리는 사람과 차들뿐이었다. 정차해 있던 모든 차들은 당연한 듯이 그리고 아무 일도 없었던 것처럼 가던 길을 가고 있었다.

우리 내외는 저녁을 먹은 후에 운동 삼아 인근에 있는 공원을 걷곤 한다. 집에서 공원까지야 먼 길은 아니지만, 차도를 두 번씩 건너야 하는 길이다. 대개 그 차도를 건널 때쯤이면 늦은 퇴근길이어서인지 차들의 왕래가 잦은 편인데 우리가 걷다가 길을 건너려고 잠시 머뭇거리기만 하면 어김없이 다가오던 차들이 정차하고 우리가 건너가기를 기다려주는 것을 보았다. 더 놀라운 것은 우리 내외가 길을 완전히 건너 보도에 이를 때까지 기다렸다가 가던 길을 간다는 사실이다. 우리 내외는 한 인간으로서의 대접을 받았다는 인정감을 감출 길이 없어 그네들에게 손을 들어 답례하곤 했다.

물론 위에서 본 장면들은 일상적이 것이 아니라 어쩌다가 한번 볼 수 있을까 말까 한 특수한 상황도 있고 또 쉽게 보고 경험할 수 있는 일도 있으나 사례 하나하나가 우리에게 여러 가지 면에서 값진 교훈과 감동을 준다는 점이 인상적이라고 할 수 있다.

우리는 사회교육이라는 말을 즐겨 사용한다. 전문가라는 사람도 있고 이를 전공했다는 학자도 있으며 이와 관련된 이론이나 방법도 다양한 것으로 알려졌다. 그러나 이렇게 많은 전문가나 학자들이 이야기하는 사회교육은 강의실이나 책을 통해서 이루어지는 것이 아니라 바로 우리 삶의 현장에서 보고 듣고 경험할 수 있을 때 더 효과적인 교육이 될 수 있다. 사회구성원들이 보여주는 바르고 정직한 행동, 법을 준수하려는 행동, 이웃을 배려하는 작은 행동들에서도 사회교육은 이루어지는 것이다.

이 나라 대통령과 국회에서 보여준 대화와 토론을 통한 타협의 정치, 어려운 사람들을 도우려는 사업가들의 사회기부 등은 보는 이로 하여금 훈훈하고 따듯한 마음을 갖게 하는 사회교육의 본보기며 가정, 학교 그리고 사회에서 바른말과 행동 등을 보고 들은 어린이와 청소년들에게는 더할 나위 없이 훌륭한 사회교육이 아닐 수 없다. 훌륭한 사회교육은 깔끔하게 마련된 교육과정에 의해서 이루어질 수도 있지만, 잠재적 교육과정에 의해서도 이루어지기 때문이다.

바람 풍風과 바담 풍風

옛말에 "나는 바담 풍風해도 너는 바람 풍風해라." 하는 말이 있다. 혀가 짧은 훈장님이 학동들에게 바람 풍風 자를 가르쳐야 하는데 본인이 혀가 짧은 탓에 바른 발음이 제대로 나오지를 않아 계속 바담 풍風으로 가르쳤다는 데서 나온 이야기인데, 그 의미인즉슨 자신은 잘 못하면서도 남에게는 제대로 하라고 다그칠 때 쓰이는 말이다. 우리는 가정, 학교 그리고 사회에서 이런 현상을 얼마든지 목격할 수 있다.

아이들은 숙제하기로 정신없이 바쁘게 책장을 넘기면서 자료를 찾고 있는데 연속극을 보면서 쓰잘 데 없는 잡담이나 하고 있는 부모들이나 소파에 길게 누워 TV를 보면서 아이들에게는 똑바로 앉아서 보라고 충고하는 아버지에게서도 이런 현상을 발견할 수 있다. 정치인들은 말끝마다 "국민"을 앞세우고 있지만, 막상 그들이 하는 행태를 보면 국민이 아니라 자신을 위해서 앞뒤를 가리지 않는 모습에서도 이와 유사한 풍경을 엿볼 수 있다.

미국에 있는 한인 교회들은 대부분 한글학교를 개설해놓고 어린아이들에게 한글을 가르치고 있다. 그 본래의 뜻은 가상하고 또 어린이들에게 한글을 가르치고 있는 선생님들의 노고는 칭찬을 들어 마땅한 일이며 크게 장려해야 할 일이다. 한글 교육을 통해서 우리의 정체성을 확립하는 계기가 됨은 물론 우리 고유의 전통을 이어나가도록 하는 동기를 부여한다는 점에서 정말 자랑스럽기까지 하다.

문제는 한글 배우러 아이들을 데리고 오는 부모들의 태도이다. 아이들은 교실에서 열심히 한글을 배우고 있는데 그 부모들이 나누는 대화를 들어보면 전부 영어 일색이다. 물론 영어권 국가에서 살려고 하면 당연히 영어를 써야 한다는 것쯤은 알고 있지만 지금 한글을 가르치려고 아이들을 데리고 온 사람들마저 영어만을 쓰고 있다면 그런 부모 슬하에서 자라고 있는 아이들은 집에서 한글을 써야 할까 아니면 영어를 써야 할까?

물론 외국에 나와 살면서 그 나라의 말에 익숙해 있어야 한다는 것은 불문가지의 사실이다. 그렇다고 해서 제 나라 말을 잊거나 소홀히 해서도 안 된다는 것쯤은 누구나 알고 있다. 사는 나라의 말을 쓰되 때와 장소에 따라서 가릴 줄도 알아야 할 것이다. 중국 사람들은 자기네 국민끼리 만나 이야기를 나눌 때에는 반드시 중국어를 쓰지만, 외국인과 만났을 때는 해당 나라의 말을 쓴다는 것은 잘 알려진 사실이다.

그러나 이러한 상황에서도 바람직한 현상은 한국인 부모들의 높은 교육열이다. 교육열教育熱이 높다는 것은 좋은 일이다. 여러 사람을 만나면서 미국으로 이민 온 사연을 들어보면 많은 사람들이 “자식 교육을 위해서”라는 말들을 앞세우고 있다. 자식 교육을 위해서는 나의 모든 것을 희생해도 이를 감내할 준비가 되어 있어서인지 이들에게 웬만한 일은 고생 축에도 들지 않는 듯한 느낌을 받는다. 그러나 이러한 부모들은 교육열은 높으나 학구열은 이에 따르지 못한다는 점에서 문제를 제기하지 않을 수가 없다. 교육열이란 가르치려는 열망이지만 학구열이란 배우려는 열망을 말하는 것이다. 따라서 바람직한 부모라면 교육열도 높아야 하지만 이에 못지않게 학구열도 높아야 한다. 아이들에게 공부하라고 다그치기만 할 것이 아니라 부모들도 공부를 해야 한다. 적어도 아이들 앞에서 공부하는 모습만이라도 보여주어야 한다는 말이다. 아이들에게 공부하라고 다그치지만 말고 부모가 "공부하는 모습"을 보여주면 아이들은 그대로 따라 하기 때문이다. 교육열 못지않게 학구열을 높여야 하는 이유이다.

수레는 두 바퀴가 균형과 조화를 이루었을 때 잘 굴러가듯 교육도 마찬가지다. 교육열과 학구열이라는 두 바퀴가 균형과 조화를 이루어야 제대로 굴러갈 수가 있다. 혀 짧은 훈장님 때문에 생겨난 옛이야기를 통해서 부모로서 또는 교육자로서 갖추어야 할 기본적인 덕목과 태도는 어떤 것인가를 생각해보는 기회가 되었기를 바란다.

Hannah : 바람 풍!

문화적 갈등해결을 위한 제언

한 지붕 밑에 사는 가족이라고 하더라도 서로 다른 특성과 생각 그리고 습관을 갖고 있다. 우리는 그것을 특성이라고도 하고 개성이라고도 하는데 실은 문화가 다르므로 은연중에 습득된 행동들이다. 동일한 시대에 함께 살아가고는 있지만 각자가 속해 있는 문화권이 다르고 세대가 다르기 때문에 만나는 사람이 다르고 이야기의 주제가 다르고 행동 또한 다를 수밖에 없다.

우리의 가정에서도 당연히 그러한 문화적 차이가 존재하고 있으며 그 차이 때문에 갈등이 생기기도 하고 때로는 서로를 신기하게 바라보기도 한다. 당연한 일이지만 아버지의 문화가 다르고 아들의 문화가 다르다. 아버지는 아들의 문화가 눈에 거슬리고 이해가 안 될 때가 있고 아들은 아버지의 문화를 이해할 수도 그렇다고 받아들이는 일도 쉽지가 않다. 이러한 문화적 차이를 얼마나 슬기롭게 극복해나가느냐가 가정의 행복지수를 결정해준다.

아버지의 몸은 지금 미국 땅에 있으나 그 삶은 한국적 문화의 테두리를 벗어나지 못하고 있다. 언어가 그렇고 생활습관이 그렇다. 아이들을 이해하려 하기보다는 통제하려 들고 받아주려 하기보다는 잘못을 지적하고 고쳐주려고 야단을 치는 일에 더 익숙하다. 스스로 하도록 격려하고 배려해주기보다는 대신해주면서 아버지로서의 보람과 뿌듯함을 느낀다. 그러던 어느 날 아들이 반은 알아듣지도 못하는 영어로 말을 걸어오면서 아버지를 "You"라고 지칭할 때 깜짝 놀란다. 그러나 그것은 문화적 충격의 시작일 뿐이다.

아들의 몸은 미국 땅에서 이 나라의 문화 속에서 숨 쉬고 자라나고 있다. 보고 듣는 것이 그렇고 언어가 그러하며 교육이 그렇다. "아동중심주의 교육철학"이 싹튼 나라에서 학교에 다니는 아들은 몸은 한국 사람이지만 말과 행동은 물론 생각하는 방법이나 생활습관, 태도, 가치관까지 미국 사람이 되어가고 있다. 그러나 아버지는 아들의 이러한 변화와는 상관없이 가장이라는 권위를 내세우며 자신이 가정을 지키는 울타리라고 생각하기 때문에 가정 내에서 일어나는 모든 일은 자기의 감독과 통제를 받아야 한다고 믿고 또 그렇게 행동을 하고 있다. 아들은 이러한 아버지 세대의 문화를 이해하지 못할 뿐만 아니라 아버지의 울타리는 나를 가두어놓고 있는 두꺼운 벽이라는 생각 때문에 부자父子간의 정서적 간격은 넓어지고 그 사이에는 갈등의 싹이 트기 시작한다.

이와 같은 아버지와 아들 간의 사고와 행동의 차이는 인류학자 보아스Boas의 말처럼 문화적인 것이지 결코 생물학적인 것이 아니다. 인류학적 개념에서 볼 때 문화는 교양과 이성을 뛰어넘어 모든 행위의 총체를 가리키는 개념이라는 점을 생각한다면 충분히 이해는 가지만 그것이 갈등의 골까지 해소시켜주는 것은 아니다. 어느 가수의 노래에서는 "살다 보면 알게 돼."라고 하지만 아들이 아버지의 문화를 알게 되고 아버지의 모든 것을 이해할 수 있을 때쯤이면 한씨외전韓氏외전(韓氏外傳)에 나오는 고어皐魚의 한탄처럼 "부모는 기다려 주지 않는다子慾養而親不待".

이럴 때 이렇게 해보면 어떨까?

세대 간 교육기회의 불균형이 생기지 않도록 할 필요가 있다. 이를 위해 평생교육 차원에서 부모세대와 자녀세대를 위한 사회교육이 이루어져야 한다. 특히 새로운 문화권에서 사는 부모들에게는 문화적 차이는 물론 세대 간의 차이를 이해하고 극복할 수 있도록 도울 수 있는 교육기회를 마련하는 것이 바람직할 것이다. 이와 함께 젊은이들에게는 부모세대가 향유享有해온 문화의 특성, 민족적 정체성, 가치관 등에 대한 교육과 함께 부모세대의 문화를 이해할 수 있도록 돕기 위한 관련 자료를 제공해주는 수고를 아끼지 말아야 한다. 이들도 머지않아 부모세대가 겪었던 그 문화적 차이, 가치관의 차이 그리고 세대 간의 차이를 경험하게 되는 통과의례를 치를 것이기 때문이다.

통크TONK족과 김치냉장고

가족제도의 변화와 함께 핵가족화의 진전과 경제력을 갖춘 은퇴자들이 더 나은 삶과 더 아름다운 여생을 꿈꾸면서 전통적인 노인의 모습을 거부하고 자신들만의 새로운 인생을 추구해보려는 욕심이 통크TONK족을 탄생시키는 여러 계기 중의 하나가 되었을 것으로 추측된다.

통크TONK : Two Only No Kids족이란 전통적인 가족개념이 해제되면서 자식들에게 의존해서 살기보다는 배우자와 함께 독립해서 살겠다는 노인들, 마치 들판의 야생 꿩처럼 열 걸음을 걸어서 겨우 한 입 쪼아 먹고 백 걸음을 걸어야 물 한 모금을 마실지언정 새장 속에서 길러지는 편안함을 원치 않는 사람들, 전통적인 조부모세대의 역할에서도 자유로워지고 싶어서 손자, 손녀 돌보는 데 시간과 에너지를 빼앗기지 않으면서 부부가 취미생활과 운동, 여행 등으로 인생의 말년을 즐기며 보내겠다는 생각으로 새로운 세상을 개척해보려는 사람들을 가리키는 말이다.

통크족이 자식들의 부양을 거부하고 독립적인 삶을 주장한다고 해서 인간적인 관계까지 거부하는 것은 아니다. 삶에 바쁜 자녀가 손자, 손녀를 봐달라고 요구했을 때 무조건 거절하는 것이 통크족이라는 생각은 크게 잘못된 것이다. 부모의 생활을 존중하지 않고 시도 때도 없이 부탁하는 것은 거절하지만, 상황과 여건에 따라서는 한 달도 봐줄 수 있는 따듯한 배려, 이런 모습이 진정한 통크족의 여유 있는 모습이다. 오나가나 눈에 밟히는 손자, 손녀들의 재롱을 보면서 온고이지신溫故而知新을 가르치고 이들에게 미래를 준비하도록 조언을 아끼지 않는 통크족의 행동철학을 겉으로만 드러나는 몇몇 모습에서 찾기보다는 자신의 상황과 경우에 따라 결정하고 행동하는 사람들임을 아는 것이 중요하다.

이렇게 독립된 삶을 외치는 이 시대의 통크족인 실버세대도 세월의 힘을 이길 수는 없다. 나이가 들수록 건강은 물론 사회적 능력도 조금씩 줄어들게 마련이다. 그래서 장자莊子는 일찍이 인간세편人間世篇에서 무용지용無用之用의 도道를 말했나 보다. 그는 "쓸모 있는 나무는 일찍 베어진다. 계피나무는 향기가 있다고 하여 베어지고 옻나무는 베어서 칠에 쓴다. 하지만 옹이가 박히고 결도 좋지 않아 어디에도 쓸모없었던 나무는 베어 가는 사람이 없어서 가장 크고 무성하게 자라 원래 나무의 본성을 발휘한다."라는 이야기를 하면서 "유용有用의 용用만 알고 무용無用의 용用은 알려고 하지 않으니 서글픈 일"이라고 하고 "쓸모없는 것의 쓸모 있음"이란 역설적 지혜를 가르쳤다.

실버세대가 재산이든 건강이든 아니면 사회적 능력이든 "쓸모 있음"을 지니고 있을 때는 아무리 통크족임을 선언해도 "그 쓸모 있는 열매" 때문에 감나무나 사과나무처럼 자식과 주위로부터 끊임없이 시달리게 마련이다. 그래서 자녀세대의 가치관이나 사회 환경이 함께 변화하지 않는 한 통크족의 삶은 우리의 전통적인 생활방식에 어울리지 않는다는 의견도 있다.

이런 연유로 해서 내 재산 내 저금통장을 움켜쥐고 자식, 손자와 떨어져 살면서 얻는 풍요와 편안함이 과연 진정한 마음의 평화와 자유인가 하는 것은 한 번쯤 심각하게 생각해볼 필요는 있다. 그러나 나이가 들수록 장자莊子의 무용지용無用之用의 도를 따르면서 들꿩처럼 새장 속에서 길러지는 편안함보다는 흐르는 물의 자유로움을 추구하며 아내와 두 손을 꼭 잡고 사랑이 담긴 여생을 사는 길이 더 멋진 노후가 될 수도 있을 것이라는 생각이 든다. 마치 냉장고 곁을 떠난 김치냉장고가 냉장고의 힘을 덜어주면서 김치 맛을 지키는 자신의 고유한 역할을 담당하며 당당하게 자기 자리를 지키고 있는 것처럼, 통크족인 실버세대도 그네들만의 자리를 지키면서 변화하는 세상 속에서 빛을 발할 수 있는 새로운 세대로 홀로서기를 할 수 있는 날이 기다려진다.

캥거루족과 콩나물

나이도 먹을 만큼 먹었고 공부도 할 만큼 했으면서도 부모에게서 자립하지 못하고 얹혀살고 있거나 그 품에 머물러 있는 사람들을 캥거루족이라고도 부르고 혹자는 유사시에 부모의 보호 속으로 숨어든다고 해서 자라 증후군이라고도 한다. 이러한 현상은 1970년대 말부터 일본과 미국에서 사회문제로 대두되기도 했는데 반드시 이런 상황에서의 정의가 아니더라도 우리 삶의 주변에는 정신적 캥거루족이나 자라 증후군을 자주 볼 수 있다. 심리학자들은 그렇게 된 사연을 부모의 과잉보호가 원인이라고 추정하고 있다.

요즈음의 한국인들에게서 특히 젊은 부모들에게서 쉽게

찾아볼 수 있는 과잉보호의 역사는 그리 멀리 있지 않다. 1930년대에는 "자손과 재산은 많을수록 좋다."고 했던 우리 조상은 1950년대까지만 해도 "3남 2녀로 5명은 낳아야죠."라는 공익광고가 나갈 정도였는데, 당시 인구증가율이 2.9%였고 이러한 증가율을 70년대에는 2.0%로 둔화시킨다는 방침이 1961년 국가시책으로 채택되면서부터 가족계획 사업이 시작되었다고 볼 수 있다. 이때 나온 공익광고가 "아들 하나 딸 하나면 '만족' 합니다."라고 했다가 80년대에 들어서면서 "하나만 낳아 정성껏 키웁시다."였다. 물론 이 시기 동안에 가족제도 역시 대가족 세대에서 소가족 세대로, 이어서 핵가족 세대로의 변화가 이루어졌다.

이러한 사회적 변화는 젊은 부모들에게 "하나밖에 없는 내 새끼"란 생각을 갖게 하였고, 이러한 생각은 다시 "눈에 넣어도 아프지 않을 내 아이"여서 이 아이를 위해서는 하늘에서 별이라도 따다 줄 만큼 "원하는 모든 것"을 다 해주려는 동기를 부여하는 계기가 되었으며, 사람들로 하여금 이러한 동기를 갖고 이를 실천하는 부모야말로 "완벽한 부모"라는 생각을 하게 했다.

이러한 상황에서 부모들에게 나타나는 자녀양육 태도가 바로 "과잉보호"다. 이런 태도 때문에 과잉보호는 자녀에 대한 과도한 사랑 탓이라고 말하는데 그렇다면 정상적인 가정의 부모들은 아이들을 덜 사랑하는 것일까?

결론부터 말하자면, 과잉보호의 원인은 부모 스스로 자신에 대한 불신에서부터 비롯된다고 볼 수 있다. 자신이 이러저러한 문제를 어려워했기 때문에 내 아이도 분명 어려워할 것이니 내가 도와주어야 그 문제를 해결할 수 있을 것이라는 생각이 바로 그것이다. 이런 생각 때문에 아이를 대신해서 해결해주려고 나서게 되고 그런 과정이 반복되면서 아이는 문제 해결 능력이나 판단력이 흐려지게 되며 이런 상황을 지켜본 부모는 아이의 능력에 대해서 더 큰 불신을 갖게 되는 악순환이 반복되어 결국 아이는 성인이 되어서도 자립할 용기를 잃게 되는 것이다.

옛날 어느 마을에 두 형제가 개를 기르면서 살고 있었다. 하루는 산으로 나무를 하러 갔다가 어미를 잃은 새끼 사슴 두 마리를 발견하고는 집으로 데려와서 형제가 한 마리씩 나누어 기르기로 하였다. 그런데 막상 집에서 사슴을 기르는데 개들이 이 두 사슴을 괴롭히는 것이었다. 그때 형은 새끼 사슴 한 마리를 가슴에 품고 개들을 야단치면서 쫓아냈지만 동생은 사슴이 좀 힘은 들겠지만 그 개들과 함께 지내도록 하면서 개들이 괴롭혀도 짐짓 모른척하며 사슴이 다치지 않을 정도로만 보아주었다. 그러던 어느 날, 두 형제가 먼 길을 떠나게 되었는데 며칠 후 돌아와 보니 형의 사슴은 개들에게 시달리다가 죽었으나 동생이 기르던 사슴은 개들과 함께 뛰어나와서 주인을 반겼다고 한다.

콩이 콩밭에서 햇빛을 받으면서 비바람을 견뎌내고 제 마음껏 자라면 콩을 생산하는 콩 대가 되지만 사람들이 온도, 습도, 일조량 등을 조절해주는 시루에서 곱게 자라면 콩나물이 된다는 지극히 당연한 사실을 아는 부모라면 과연 어떤 선택을 할까?

콩 심은 데 콩 나고...

지난주 토요일 저녁에 어느 모임에 나갈 기회가 있어서 아내와 함께 참석했다. 그 모임에는 신혼부부에서부터 연세가 지긋하신 어른들까지 여러 층의 사람들이 빙 둘러 앉아 서로 이야기를 나누고 있었다. 저녁 만찬이 끝나갈 무렵, 그 모임에 처음 나온 가정들을 소개하는 순서가 이어지고 있었다.

여러 가정 소개가 이어지면서 두 남매를 데리고 나온 부부 차례가 되었다. 큰아이는 예닐곱이 되어 보이는 아들이었고 그보다 아래인 딸아이는 얌전히 엄마 손을 잡고 서 있었다. 그 집 아들은 아버지의 손을 잡고 앞으로 나올 때까지만 해도 별다른 특성을 발견하지 못했는데 아버지가 참석자들에게 인사를 하면서 가족소개를 하려고 마이크를 잡느라 손을 놓자마자 무대를 휘젓고 다니기 시작했다. 아버지가 들고 있던 마이크를 빼앗아 달아나기도 하고 무대 앞뒤로 뛰어다니기까지 하자 젊은 아버지는 통제 불능 상황임을 직감한 듯 간단히 가족들의 이름만 소개하고 무대에서 내려왔다.

뒤이어서 무대에 오른 가정도 비슷한 또래의 아버지가 역시 남매를 데리고 나왔는데 그 집 아들도 바로 앞 순서에 나왔던 집 아들 못지않게 얼굴에는 "나 개구장이요" 하는 표정이 역력하고 언제든 어디로든지 뛸 듯한 자세가 보는 사람으로 하여금 다음 동작은 어떤 것일지 궁금하게 하고 있었다. 그 아버지가 가족소개를 하려고 오른손으로 마이크를 잡는 순간 아들이 움직이는가 했는데 아버지의 손은 벌써 아들의 오른쪽 귀를 잡고 있었다. 아버지가 아들의 귀에서 손을 떼고 다시 무슨 이야기를 하려고 마이크를 드는 순간 아들이 다시 움직이는가 싶었는데 이미 그의 귀는 아빠의 손에 잡혀 있어서 다시 아버지 곁으로 끌려오고 말았다.

그 자리에 참석했던 많은 사람들은 큰 소리로 웃기도 하고 으레 그러려니 하고 체념한 듯이 바라보는 사람들도 있었다. 우리 내외도 예외는 아니어서 귀를 잡힌 아이가 안쓰럽기도 하고 또 그 아버지의 심사도 짐작이 가는 바여서 "집에서 새는 바가지가 밖이라고 안 새겠느냐?"고 하면서 웃었다.

한 아버지는 아이들의 몸과 마음을 정말 "자유스럽게" 자라도록 "방임중심의 가정교육"을 하는 것 같았고 다른 아버지는 외관상으로는 아주 "엄하게" 다스리는 "통제중심의 가정교육"을 하는 것으로 보였다. 어느 방법이 더 좋은지의 여부는 각 가정의 부모들이 알아서 생각해야 할 일이기는 하나 이왕지사 이야기가 나온 김에 한 번쯤 가정교육에 대해서 생각해보는 것도 좋을 듯하다.

가정교육에 임하는 부모의 태도는 어떠해야 하는가?

가정교육의 대상은 자녀지만 가정교육이 직접 다루는 것은 자녀의 행동이다. 문제는 자녀들이 대부분의 행동들을 바로 그 부모에게서 배운다는 데 있다. 아이들은 부모의 사고와 행동이 자유스럽다면 그 "자유스러움"을, 엄격했다면 "엄격함"을 바로 따라 배운다. 가정교육이란 속담에 이르는 말 그대로 "콩 심은 데 콩 나고 팥 심은 데 팥 난다."라는 말이 정확한 표현이다. 따라서 바람직한 가정교육의 모델은 부모가 자녀를 바르게 가르치려고 애를 쓰기보다는 생활 속에서 바른 말과 모범적인 행동을 솔선해서 행하고 보여주는 것이다.

지난 1997년 1월 8일 아침, 마이애미에서 지폐를 운송하던 차가 전복되는 사고가 있었다. 전복된 차에 실려 있던 55

만 달러의 돈이 길바닥으로 쏟아져 나왔고 근처에 있던 사람들은 너 나 할 것 없이 돈을 주워가지고 가버렸다. 경찰에서는 다만 얼마간의 돈이라도 회수할 목적으로 전복된 차에서 주워간 돈을 반납하지 않으면 절도죄로 처벌할 것이라는 공고를 했지만 수많은 사람들 중에서 단 두 명만이 주운 돈을 경찰에 신고했다, 그중에 한 사람은 시급 5달러를 받으면서 일을 하는 6세 어린아이의 엄마였는데 그녀가 반납한 돈은 19.38센트였다. 왜 그 돈을 반납하게 되었느냐는 신문기자들의 질문에 그 엄마의 대답은 간단했다.

"내 아들에게 모범을 보이고 싶었습니다."

자녀는 그 부모의 거울이다. 자녀는 부모의 행동과 태도, 가치관 등을 관찰하고 모방하면서 배워나간다. 부모의 바른 말과 행동 그리고 솔선수범… 그것이 바로 가정교육이다.

William의 그림

PART 4

이런 이야기 저런 이야기

40주년 이야기

우리 내외가 결혼하고 삼남매를 키우면서 살아온 세월이 벌써 40년이 되었다. 15년 전인가 내가 미국 Indiana 주 South Band에 있는 노틀담 대학교University of Notre Dame 심리학과에 객원교수로 근무할 때 Tom이란 동료교수와 이런 저런 이야기를 나누다가 우연히 결혼기념일 이야기가 나온 적이 있었다.

Tom은 나를 쳐다보면서 "25년을 같이 살았는데 아직도 할 이야기가 남았느냐?"고 물었다. 나는 반사적으로 "그럼, 앞으로도 25년 아니면 그 이상 이야기를 해도 아마 끝이 나지 않을거야."라고 대답했던 기억이 난다. 그 친구와 이야기를 나누던 때가 엊그제 일 같이 생생하게 기억되는데 벌써 15년이 또 흘렀다. 흐르는 세월은 그렇게 빠르기만 하다.

우리 내외가 40년을 마주 보며 살아오는 동안 삼 남매에게서 6명의 손녀와 2명의 손자가 태어났다. 이제 그 아이들이 자라서 학교에 들어갔으니 그만큼의 세월이 흘렀음을 부인할 수가 없게 되었다. 지금은 의젓하게 자라난 아이들을 보면서 우리 내외가 삼 남매를 키우던 옛일을 추억하며 오늘을 살아가고 있다.

이제는 어엿한 사회인으로 성장해서 자기의 몫을 잘 해나가며 가정을 꾸려나가고 있는 삼 남매를 보면서 지나간 세월... 힘들었던 세월 속에서도 저렇게 잘 자라주었구나 하고 생각하면 삼 남매에게 말할 수 없을 만큼의 고마움과 함께 한없는 기쁨과 보람을 느낀다. 그래서 더 자랑스럽고 대견해 보이는지도 모른다.

지나간 40년 세월 속에는 아름다웠던 이야기도 있고 들추어내면 부끄럽기 한이 없는 고통스러운 이야기들도 묻혀있다. 그동안 나는 30여 년간의 교직 생활을 건강한 몸으로 마칠 수 있었고 한국에서의 생활을 정리하고 삼 남매가 사는 미국 버지니아 주로 거주지를 옮기는 모험도 했다. 퇴직 후 미국으로 와서는 다시 직장을 얻어 제2의 삶을 이어나가고 있다. 아내는 아내대로 험난하기만 했던 지난 세월 동안 묵묵히 나와 삼 남매의 뒷바라지를 해오면서 고통스러운 세월을 참고 기다리며 우리 가정을 지켜주었고 또 이끌어왔다. 오늘 내가 이 이야기를 쓸 수 있는 것도 아내의 덕분이다.

아내는 30대 후반의 늦깎이 유학생이 대학원에서 공부하는 동안에는 우리 가정의 생계를 책임지는 일을 감당했어야 했기에 눈이 오나 비가 오나 자기 몸 부서지는 것도 모르면서 삶의 일선에서 우리 가정을 지켜왔다. 가진 것이 없었기에 모두 아내만을 믿고 의지하던 유학시절... 그 힘들었던 생활을 접고 귀국했을 때 우리 가정의 경제는 "비누를 팔아가면서" 생활비를 보태야 할만치 어려움에 처해 있었으나 아내는 아무런 내색도 하지 않고 그 힘들었던 시절을 넘기게 해주었다. 생활이 경제적으로 어느 정도 필 무렵 우리 가정에는 감당하기 벅찬 어려움이 닥쳐오고 있었고 바로 그 어려움이 우리 가족으로 하여금 미국으로 오도록 이끄는 어떤 힘으로 작용했다.

그 힘에 이끌려 우리 가족은 1994년 8월에 미국 인디아나 주South Bend, Indiana로 오게 되었고 나는 노틀담 대학교U of Notre Dame 심리학과에 객원교수로 부임하게 되어 다시 어려운 미국 생활이 시작되었다. 이 당시에도 가정경제를 책임지다시피 한 아내는 험한 일을 마다하지 않고 찾아 나섰고 그런 생활을 감당해주어 우리 다섯 식구가 건강하게 살아갈 수 있도록 해주었다. 경제적 형편이야 내가 처음 유학 생활을 하던 때보다 좀 나아졌다고는 하나 역시 외국생활이기는 마찬가지여서 어렵고 고달프기는 그때나 이때나 마찬가지였었다. 다른 게 있었다면 노틀담 대학교에서 골프를 칠 수 있었다는 정도의 차이가 있었을 뿐이다. 약간의 즐거움이 있었다고는 하나 아내의 고생은 그치지 않았다. 어느 해인가 이민국에 서류 제출을 위해 지문을 찍어 제출하라는 통보를 받고 지문을 찍으려고 하니 아내의 손가락에는 있어야 할 지문이 없었다. 정밀사진을 찍어야 한다는 연락을 받고 몇 군데를 찾아다니고 나서야 간신히 지문을 찍을 수 있었다. 나는 그 당시의 아픔을 내 글 쓰는 재주나 말로는 도저히 설명할 수가 없었다.

이 시기가 삼 남매에게는 가장 힘들고 고통스러운 시기이기도 했다. 학교 공부도 힘들었겠지만 용돈을 줄 형편이 안 되는 못난 아비 덕분에 일해서 용돈을 벌어야 하는 힘든 세월을 정말 잘도 견디어 주었다. 그래도 삼 남매는 나에게 단 한 번의 불평이나 불만을 말하지 않고 오직 학업에만 전심전력을 기울여 주었다. 이때 아이들이 내 생일 기념으로 사준 "Super Dad"라고 돌에 새겨진 선물을 나는 지금도 아주 소중하게 간직하고 있다.

윤희는 도서관에서 준표는 컴퓨터 Lab에서 일하면서 시간을 쪼개가며 공부를 하기도 했다. 윤희는 틈틈이 제 동생들을 돌보아 주면서 우리 내외를 대신해서 동생들의 뒷바라지를 해주는 장녀의 역할을 충실하게 감당해 주었다. 내 임기가 만료되어 귀국길에 오르고 아내는 아이들과 함께 미국에 남아서 대학입시를 준비하던 인표 뒷바라지를 하던 시절... 또 아내마저 귀국해서 삼 남매가 미국 땅에서 저희끼리 학교에 다니며 학업에 매달리던 그 어려운 시절을 견딜 수 있도록 버팀목이 되어준 사람이 바로 윤희였다. 그 윤희가 멋진 신랑 여승제 군을 만나 지금은 정말 아름다운 가정을 꾸려나가면서 해나, 아멘다, 그리고 광호 삼 남매를 키우고 있다.

South Bend에 살고 있었을 때 이야기다. 어느 추운 겨울날, 준표가 느닷없이 우리 내외를 시내 음식점으로 초청했다. 우리는 내외는 영문도 모르고 무슨 일이 있을지를 상상해가면서 약속 장소에 도착해서 보니 일식집이었다. 준표가 그간 일을 해서 번 돈을 가지고 일식집에서 우리에게 음식을 사주려고 약속을 했던 것이다. 우리 내외에게는 그때 먹었던 일본 음식이 이 세상에서 가장 맛있는 것이었고 아직 그보다 더 맛있는 음식을 먹어본 기억이 없다. 듬직하고 말 없는 청년이었던 준표는 예쁘고 신실한 신부 전신현 양을 만나 지금은 진희, 충건이, 은지 그리고 예은이 4남매를 낳아 아름답고 자랑스러운 가정을 꾸려가면서 재미있게 살아가고 있다.

인표는 고등학교에 다닐 때 학교 테니스 대표 선수로 활약하면서 공부에도 심혈을 기울여 좋은 대학에 입학 허가를 받았다. 그러나 못난 아비 생각을 해서 인디아나 주립대학으로 진학하고는 기숙사로 들어가 한눈팔지 않고 공부에만 심혈을 기울였다. 인표는 우리가 기대했던 대로 순조롭고 또 성실하게 학교 생활을 마치고 사회인으로 출발했다. 대학원에서 교육공학을 전공한 후에 직장 생활을 하다가는 무슨 마음에서인지 변호사의 꿈을 키우면서 지금은 그 공부에 여념이 없다. 어느 탤런트 못지않은 미남인 인표는 똑똑하고 야무진 신부 조혜진 양을 만나 올 3월에 예쁜 딸 수아秀娥를 낳아 아빠가 되었다.

이제 삼 남매는 모두 결혼을 했고 복되고 아름다운 가정을 꾸리고 아이들을 키워가면서 행복하게 살아가고 있다. 이제 우리 내외는 이들 삼 남매의 가정을 바라보는 것만으로도 자랑스럽고 기쁘며 더 말할 수 없는 보람과 자랑스러움을 감출 길이 없다.

지금은 주말마다 교회에서 만나 함께 점심을 먹는 일은 우리 내외가 기다리는 가장 즐거운 날이 되었고 주말에 손자 손녀들이 집으로 찾아와서 온 집안을 떠들썩하게 만드는 날은 아내는 아내대로 나는 또 나대로 아이들을 챙기느라 바쁘면서도 즐겁기만 하다.

이렇게 해서 우리들의 결혼생활은 어느덧 40주년을 맞이하게 되었다.

지금쯤 지난 40년을 정리해보는 것도 의미 있는 일이라고 생각되었고 또 때마침 나도 30여 년간의 교직 생활을 마무리해야겠다는 의미에서 두서없이 글을 쓰게 되었다. 사실 뒤돌아보면 지나간 세월이 힘들기만 한 것은 아니었다. 오히려 우리 내외에게는 지속해서 자극을 주면서 나태해지려는 삶에 자극을 주었다는 점에서 지나간 일들이 고생이라기보다는 보람된 일을 일구는 힘이 되었음을 고백하지 않을 수 없다.

이 글을 쓰면서 빼놓을 수 없는 것은 지난 40년간, 우리 가정을 위해서 그 어려웠던 역경을 한마디 불평도 없이 나와 삼 남매를 지켜준 아내의 사랑과 헌신에 필설로는 표현하기 어려운 고마움이다.

안국동 시절

마치 "가요 무대"의 한 장면을 연상하는 듯한 말로 이 글을 시작하는 것은 "그때 그 시절 그리고 그 사람들"이 아직도 내 마음속에서 떠나지 않고 있기 때문이다. 나는 그때 그 사람들을 내 마음속에서 떠나보내고 싶지 않을 뿐만 아니라 그 사람들도 아마 내 마음속에서 떠나고 싶은 마음이나 생각이 없을 거라고 믿고 있다.

1973년 1월 4일, 내가 연구소로 첫 출근을 하던 날이었다.

나로서는 군대에서 전역을 한 지 얼마 되지 않던 시절이어서 사복을 입고는 있었으나 군대 물이 덜 빠진 좀 애매하던 시절이었다. 연구소에서 "높은 분"을 만나면 경례를 하려고 오른손이 자동적으로 이마를 향해서 올라가곤 했던 시절이었는데 내가 일을 해야 하는 곳은 가장 부드러운 사람이 되어야 하는 "아동 상담실"이었다.

몸은 사회에 나와 있었지만, 정신은 아직도 군대사회에서 벗어나지 못한 나에게는 모든 게 불편하기 짝이 없었다. "절도 있고 씩씩했던" 내 행동과 말이 너무 "딱딱하다"는 고참 연구원의 지적을 받으면서 시작한 나의 연구소 생활은 그야말로 힘들었던 "신참시절"로 이어졌다. 전화벨이 울려서 내가 수화기를 들면 "좀 더 부드럽게"를 강조하던 고참 연구원들은 긴장을 하고서 내가 어떻게 전화를 받는지를 관찰했고 늘 공부를 해야 한다는 심리적 압박감은 나를 주눅이 들게 했으며 매년 말 소장님 앞에서 고용계약서에 서명할 때엔 등줄기에서 땀이 흐르곤 했었다. 그리고 예나 지금이나, 군대에서나 사회에서나 방법만 조금 달랐을 뿐이지 고참이 신참 겁주고 물 먹이기는 마찬가지였다.

차차 연구소 생활에 익숙해지면서 새로운 공부에 재미를 붙이게 되었고, 내가 축구선수로 "공식" 데뷔를 해서 상업은행 안국동 지점을 대파했던 곳이 안국동 시절이었으며 생애 처음 출전한 테니스 대회에서 영예의 "준우승"을 했던 추억을 간직하고 있는 곳도 바로 안국동이었다.

더욱이 선생님들을 모시고 가르침을 받으면서 일을 하던 곳이라 직장 생활이라기보다는 학교 생활이었다는 표현이 더 적절한 곳이어서 다시 시작하는 학교 생활로 착각할 만큼 즐거운 곳이 되었고 그런 이유 때문에 지금도 "동문"이라는 말을 써야만 어울리는 곳으로 내 가슴속에 남아 있다.

그 안국동 시절, 나는 결혼을 한 지 1년여가 되어서 "계획된 과정에 따라" 곧 "아비"가 될 판이었다. 아내의 출산 예정일은 4월이었는데 내겐 손에 쥔 돈이 없는 터여서 남편으로서 또 새로 태어날 아기의 아빠로서 영 체면이 안 서는 일이었기 때문에 몹시 긴장하고 있었다.

채용통지서에 잉크도 안 마른 처지에 봉급이 얼마냐, 언제 주느냐 보너스도 주느냐고 물어볼 수 있는 분위기가 아니었으므로 벙어리 냉가슴 앓듯이 끙끙거리고만 있었다. 매월 25일에 봉급을 받았기 때문에 생활비는 그럭저럭 해결되었는데 아내의 출산비를 생각하니 막막하기만 했다.

그러나 하늘이 무너져도 솟아날 구멍은 있다던가, 사회생활의 경험이 전혀 없어 3월에 보너스가 나온다는 걸 모르고 있었던 내게는 그야말로 횡재 중의 횡재였다. 보너스가 든 월급봉투를 손에 쥐고 어깨를 쫙 펴고 "이리 오너라."를 외치면서 대문을 박차고 들어갔던 일이 엊그제 같은데 그때 얻은 딸이 올해 4월이 되면 26살이 된다... 지금은 그때 내가 받았던 보너스처럼 반갑고 쓸모 있는 사위를 고르는 일이 연구과제로 남아 있다.

하나만 더 쓰고 싶다.

연구소에서는 매년 연말에 신년 연구계획 수립을 위한 1박 2일의 여행을 가는 일이 관례처럼 되어 있다. 어느 해인가는 "산정호수"로 가서 새해 연구과제 개발을 위한 토론과 계획수립의 틀을 짜놓고는 역시 주최측의 계획에 따라 여흥 순서가 있었다. 노래와 춤이 한층 무르익어갈 즈음 나와 이영석 연구원현 성균관대 교수은 슬그머니 자리를 나와서 정범모 회장님 방문을 두드렸다. 회장님께서는 무슨 원고를 정리하고 계셨는지 혼자 계셨다. 우리는 회장님께 상조회 회장단으로서 "연구원들의 복지에……." 하면서 서론 없이 이론적 배경을 읊어나가고 있었고 "결론" 부분에 이르렀을 때 "회장님, 연구소 휴게실에 전축 한 대만 사주십시오."로 말을 마치고 정중하게 빈 컵에 맥주 한 잔을 따라 "상납"을 하고는 숨을 죽이며 회장님의 "말씀"을 기다리고 있었다. "그 일"을 하기 위해서 맥주 두 병과 안주 한 접시를 들고 갔던 것으로 기억하고 있다. 갑자기 서론도 없이 이론적 배경이 나왔고 이어서 숨차게 "결론"이 제시되었으므로 회장님께서는 좀 당황하신 듯 눈을 지그시 감으셨다가 맥주 한 컵을 다 비우시고 난 뒤에 아주 짤막하게 "제언"을 하셨다.

행동적 접근과 입체적 사고를 강조하시던 분이신지라 대답도 간단명료했다.

"그래? 얼마면 되지?"

지금이야 전축 한 대쯤이야 하고 넘어갈 수도 있었겠지만, 그 당시만 해도 "전축"이란 게 워낙 비싼 것이어서 연구원 수준으로는 감히 엄두를 낼만한 물건이 아니었기 때문에 "술"의 힘을 빌려서 어렵사리 한 편의 "연구노트"를 쓰고 희망 반 포기 반으로 하회를 기다리고 있었는데 이렇게 쉽사리 성사될 줄은 몰랐기 때문에 순간적으로 당황한 것은 우리였다.

아차, 이렇게 성사가 될 줄 알았으면 값을 알아보고 오는 건데… 하는 아쉬움은 있었지만, 이영석 연구원과 눈짓을 나눈 뒤 "한 30만 원이면…." 하고 얼버무렸다. 그 당시 내 월급을 생각하면 엄청나게 큰돈이었으므로 말씀을 드리고서도 좀 켕기는 구석이 있었다. 잠시 조용한 시간이 흐르고 난 뒤에 회장님께서는 다시 맥주 한 컵을 완전히 비우시고는 이어서 "알았네." 그 한마디를 기분 좋게 우리에게 넘겨주셨다.

그 후 연구소 휴게실에는 멋진그 당시로써는… 전축 한 대가 들어왔다. 음악을 즐기는 동료 연구원들이 휴식 시간에 음악을 들으며 생활하는 것을 보았던 그때 그 시절이 이제 다시 오지 않겠지만, 그때 그 음악을 들으며 함께 고생하던 그 많은 인연을 지금은 전국 어디를 가나 만날 수 있게 되었으니 내게 이보다 더 큰 재산이 없다.

그래서 내게는 안국동 시절이 가장 따듯하고 아름다웠던 때로 기억되고 있으며 지금도 한국행동과학연구소에 몸 담았던 기억이 늘 자랑스럽게 내 자랑거리로 남아 있다.

막말의 전성시대

우리는 바람이 있다는 것은 확실히 알고 있지만, 그 바람의 실체는 본 적이 없어서 어떤 모양을 하고 있는지에 대해서 설명을 하라고 하면 난감해질 수밖에 없다. 그저 흔들리는 나무 잎새나 아니면 바람개비가 돌아가는 것을 보고 바람이 있고 없음을 알게 된다. 그래서 나뭇잎이 세차게 흔들리면 바람이 강하게 불고 있다고 말하고 가만히 있으면 "바람 한 점 없다."고 말한다. 바람을 보는 것이 아니라 나뭇잎이 흔들리는 것만 보고 있기 때문이다.

사람도 마찬가지다. 차림새나 겉모양만 보아서 남녀의 구별은 가능하지만, 사람의 됨됨이를 알 수 있는 방법이 없다.

이럴 때는 그 사람의 언어와 행동을 보면 마치 흔들리는 나무 잎새를 보고 바람의 세기를 짐작할 수 있듯이 어느 정도의 사람인지를 가늠할 수가 있다.

이번에 한국에서 치러진 국회의원 선거에서 막말을 해대던 어느 후보자에게 비난의 화살이 쏟아졌고 그런 이유 때문에 낙선했다고도 한다. 그 사람의 겉모양만 보아서는 풍채 좋고 듬직해서 국회의원으로서의 품위에 손색이 없어 보였지만 그의 입에서 나오는 말들이 많은 사람들의 기대를 허물어뜨리기 시작한 것이다.

그 후보자의 막말은 국회의원 후보자로서는 입에 담기 어려운 수준이었고 내용은 그 사람 부모의 얼굴에 먹칠하게 할 만큼 비도덕적이어서 여론의 질타를 받을만하다는 생각이 들었다. 더 안타까운 것은 그 사람의 어린 자녀에게 씻을 수 없는 수치심을 안겨준 아비여서 그 가정에서 아이들이 무엇을 보고 배우며 자랄까 하는 걱정이 앞섰다는 점이다. 물론 "자기 팔 자기가 흔드는데 무슨 걱정이 그리도 많으냐."고 한다면 딱히 할 말은 없지만 그래도 국회의원에 도전할 만큼의 사람이 그 정도 수준의 인물이었나를 생각하니 나라 앞날이 걱정되어 내가 하지 않아도 될 걱정을 하고 있었다. 그 후보자의 막말 덕분에 "곰은 쓸개 때문에 죽고 사람은 혀 때문에 죽는다."는 옛말이 하나도 틀린 데가 없다는 것을 한 번 더 확인할 수 있었다는 점에서 고마운 일이기는 하다.

막말 때문에 망신을 당하고 사회에서 퇴출당한 사람이 어디 이 사람뿐이랴마는 이번 일을 계기로 해서 그동안 온 나라를 어지럽게 휘젓고 있던 막말의 전성시대가 막을 내렸으면 하는 마음이 간절하다. 원래 말이란 "천 냥 빚도 갚는다."고 할 만큼 잘만 쓰면 덕德과 득得이 되지만 한마디 잘못하면 패가망신할 수 있는 무서운 도구道具이다. 이런 이유 때문에 "화禍는 입으로부터 나오고 병病은 입으로부터 들어간다."고도 했으며 "칼에는 두 개의 날이 있지만 입에는 백 개의 날이 있다."는 베트남 속담은 말을 많이 하다가 설화舌禍를 입는 경우를 조심하라는 경고의 메시지message를 우리에게 전해주고 있다.

대체로 말이나 행동은 가정교육을 통해서 습득되는 것이라는 점을 고려해 본다면 막말이나 막된 행동을 하는 사람들은 그네들이 바른 가정교육을 받지 못했거나 받았다 하더라도 이를 내면화하지 못한 상태라고 보는 것이 타당할 것이다. 때로는 학교에서 친구들과 어울려 노는 과정에서 막말이나 막된 행동을 배우는 경우도 있을 수 있지만, 이는 대체로 사춘기를 전후한 청소년들의 호기심이나 또래 집단에서 친구들과 어울리는 과정에서 관심을 끌어보려는 행동으로 나타나기도 하는데 이는 심리학자 매슬로우Maslow가 인간에게는 다른 사람들로부터 관심과 인정을 받고 싶은 “내적 욕구”가 있다고 주장하는 것과 일치하고 있다. 특히 사춘기에 접어들고 있거나 그 과정을 지나고 있는 청소년들에게서 잠시 나타났다가 사라지는 “통과의례通過儀禮”의 성격이 짙다는 것이 이를 보는 학자들의 일반적인 견해이기도 하다.

고운 말과 예의 바른 행동은 훌륭한 부모 슬하에서 양질의 가정교육을 통해 얼마든지 가르치고 배울 수 있는 일이다. 가정이야말로 반듯하고 바른 예절과 언어 행동을 가르칠 수 있는 가장 훌륭한 교육의 장場이며 자녀에게 앞으로 살아가야 할 인생을 준비하게 하는 기본적인 교육내용을 담고 있는 잠재적 교육과정hidden curriculum이 운영되고 있는 현장이기 때문이다.

아버지의 그림자

아버지날이라고 해서 온 식구가 한 음식점에 모여 저녁을 먹으며 이런저런 이야기를 나눌 기회가 있었다. 이제는 모두 성장해서 각자 가정을 꾸리고 바쁘게 살아가는 삼 남매가 이름 있는 날이라고 하면서 모두 한자리에 모여 지난날을 추억하는 기분 좋은 만남의 자리였다. 저녁을 먹은 후에는 아이스크림 집에 가서 후식으로 팥빙수까지 대접을 받고 집으로 돌아오는 차 안에서 아내에게 "우리 아이들이 참 잘 자랐지?"라고 물으면서 답을 기다리고 있었다.

눈치 빠른 아내는 내 말을 얼른 받아서 "아빠가 중심을 딱

잡고 있으니 내가 아이들 가르치기도 쉬웠지 그렇지 않았다면 어려웠을 거예요."라고 답을 하면서 "고마웠수…" 하는 말로 마무리를 지었다. 그 말을 들으면서 내 머릿속에는 41년 전에 우리 6남매의 곁을 떠나신 아버님 얼굴을 그리고 있었다.

지금은 아버님 얼굴의 윤곽조차 흐려져 가고 있지만, 생전에 아버님께서 우리 형제들에게 보여주신 말 없는 실천의 중요함은 늘 내 곁을 맴돌면서 지금도 나의 모든 것을 지켜주시기도 하고 내 행동을 통제하시기도 하면서 환갑 진갑 다 지난 늙은 아들의 행동을 아직도 못 미더우신 듯 지켜보고 계시는 것 같다.

내 아버님께서는 과묵하셔서인지 아니면 원래 성격이 그러셨었는지 집에서는 말씀이 거의 없으셨던 걸로 기억하고 있다. 어머님과는 대화를 하셨겠지만 우리 형제들에게는 따로 말씀을 해주시거나 이야기를 나누었던 기억이 없다. 신문을 보실 때도 말없이 눈으로만 읽어 내려가셨고 출근을 하실 때도 아버님께서 항상 우리보다 먼저 나가셨기 때문에 특별히 인사를 드린 기억도 없다. 퇴근하실 때쯤에는 밖에서 동무들과 노느라 정신이 없어서 따로 인사를 드리지 못했지만 그렇다고 특별히 우리를 나무라시거나 무슨 교육을 하시는 일도 없으셨다.

학교에서 통지표를 받아 오면 내 학업성적에 관해 무슨 말씀이라도 하실법한데도 "잘해." 그 한마디 하신 후 "도장 가져와."하시고는 인주가 마른 도장을 입에다 대시고 입김을 불으신 다음 부모란에 희미하게 도장을 찍어주시는 것이 대화의 전부였다. 특별히 칭찬을 들어본 기억도 없었고 그렇다고 야단을 맞은 기억도 없다. 어쩌다가 동생들과 싸우는 모습을 보시고 "너 나가서 회초리 하나 꺾어 와."하시면 싸우고 있던 우리는 놀라서 밖에 나가 울타리에 엮여 있는 나뭇가지 하나를 꺾어다 드렸는데 아버님은 회초리를 진짓상 옆에 놓아두시고는 말없이 진지를 다 잡수셨다. 회초리는 꺾어 오는 과정에 의미가 있을 뿐 한 번도 그것을 쓰시는 일이 없으셨다. 이것이 아버님만의 유일하고 독특한 교육방법이었다.

아버님께서는 아침에 일어나신 후에 반드시 방문을 활짝 열어놓으시고는 침구를 개고 방 청소를 하셨다. 빗자루로 방안의 먼지를 쓸어내신 다음 걸레로 방을 구석구석 깨끗하게 훔치는 일이었는데 이러한 청소방법은 한겨울에도 변함이 없으셨다. 특히 겨울철 아침에 방 청소를 하시는 동안 우리 육남매가 마루에 나와서 추위에 떨고 있었던 기억이 아직도 눈에 선하다.

아버님께서 내게 가르쳐주신 적은 없었지만 지금도 나는 아버님께서 아침마다 하시던 대로 집 안 청소를 게을리하지 않고 있는데 미국으로 이주하면서 청소방법이 달라지기는 했어도 집 안 청소는 늘 내가 자진해서 담당하고 있다. 청소하면서 주변을 두리번거리며 아버님의 흔적을 찾아보려고 애를 쓰기도 하고 또 그러는 동안에도 내 곁에 계시면서 청소하는 것을 감독하시는 것 같은 기분이 들어 더 열심히 청소를 하곤 한다. 이 정도면 잘했다고 칭찬해주실 것이라는 믿음이 들 때까지 집안 곳곳을 깨끗하게 정리한다.

지난 1968년 7월 1일, 내가 처음으로 아버님께 확실하게 효도를 한 날이다. 내가 공군 장교로 임관해서 공군소위 계급장을 달고 아버님 앞에서 거수경례를 하면서 임관 신고를 한 것이다. 아버님께서는 당시 간 경화증으로 수원 빈센트 병원에 입원하고 계셨었지만 아들의 임관식을 보러 대전까지 몸소 내려오셨었고 소위 계급장을 단 아들이 퍽 자랑스러우셨는지 활짝 웃기도 하셨다. 내가 처음이자 마지막으로 본 아버님께서 웃으시는 환한 모습으로 당시에는 고가이던 시티즌 Citizen 손목시계를 선물로 주셨다. 내가 받은 최고의 선물이며 아버님께서 주신 마지막 선물이었다. 나는 그 시계를 지금도 보관하고 있다.

아버님이 생각날 때면 그 시계를 꺼내서 차기도 하고 들여다보기도 하면서 아버님의 그늘 속으로 다시 들어간다.

아버지의 권위Father's Authority

솔직히 말해서 요즈음처럼 아버지의 권위가 땅에 떨어져 이리저리 굴러다니는 시대도 아마 없었을 것이다. 한없이 높기만 했던 아버지의 권위는 지금 어디에서 찾아보아야 할까? 오죽하면 아이가 대학에 잘 가려면 아버지의 무관심, 엄마의 정보력, 할아버지의 재력이 필요하다는 우스갯소리가 인터넷에 버젓이 떠돌아다니고 있을까? 이러한 농담이 바로 오늘날 우리 아버지의 위상을 상징적으로 설명해주고 있다.

아버지가 이렇게 망가져 초라해지면서도 내 가정이 행복하다면 이를 감수하겠지만, 자녀가 성장해가는 과정에서 아버지의 자리가 있고 아버지만이 할 수 있는 역할이 있기 때문에 아버지가 제자리를 찾는 일이 얼마나 중요한지를 다시금 생각해볼 필요가 있다. 어느 심리학자의 주장처럼 아버지의 권위가 서 있는 가정에서는 자녀가 정서적으로 안정되어 있다는 연구결과는 오늘을 사는 우리에게 아버지의 자리와 역할이 무엇인가를 잘 말해주고 있기 때문이다.

얼마 전까지만 해도 대부분 가정에서 아버지의 권위는 그야말로 절대적이었다. 남자들의 노동력이 필요했던 농경사회였고 대가족제도 때문이기도 하겠지만, 더 근본적인 이유는 아마도 우리의 생활철학인 군사부일체君師父一體라는 의식이 영향을 미친 게 아닌가 하는 생각이 들 정도로 보통의 가정내에서 아버지의 위상은 가히 신성불가침 수준이었던 것이 사실이었다. 그처럼 하늘 높은 줄 모르고 대단했던 아버지의 권위가 요즈음에 들어서는 완전히 뒤바뀌어서 가정 내의 순위경쟁에서도 아들, 딸에 이어 3번으로 추락하는 수모를 겪고 있다는 비명에 가까운 소리를 심심찮게 듣는다. 상황이 이 지경에 이르고 보니 시골에서 아들네 집을 방문하신 아버지가 자신의 순위가 4번인 그 집 강아지에 이어 5번으로 처져 있는 것을 너무 섭섭하게 여기시다가 시골 집으로 떠나면서 "3번아 잘 있어라, 5번은 간다."는 편지를 써놓고 말없이 시골집으로 내려가셨다는 우스갯소리가 인터넷에 떠돌고 있는 농담이 아니라 진담에 가까운 이야기임을 짐작하게 한다.

아버지의 권위에 이상증세가 나타나기 시작한 것은 여러

가지 사회문화적인 요소가 작용하고 있겠지만 그중에서도 통신기기 발달의 영향을 받은 것이 아닌가 하는 생각을 하게 된다. 과거에는 아버지들에게 "월급봉투"로 대변되는 강력한 경제권이 쥐어져 있었다. 그런데 어느 해부터인가 봉급이 은행통장으로 입금되기 시작하면서 출근을 해야 하는 남편들이 통장 관리권을 아내에게 위임하게 되면서 부터 아버지의 권위는 서서히 약화하기 시작했다. 또한 공교롭게도 이 시기를 전후로 해서 여성들의 사회참여 의식이 뚜렷하게 나타났고 "가사노동권"이란 용어가 우리 주위를 맴돌기 시작했으며 시대적으로는 여성 인력의 사회진출이 활발하게 이루어지기 시작했다.

다른 하나의 이유는 남편에 대한 호칭에서 비롯된 것이 아닌가 하는 의구심이 들 때도 있다. 요즈음 젊은 아내들은 남편을 부를 때 으레 "오빠"라고 부르고 이에 답하는 남편은 "왜 그래?"라고 답하는 것이 무슨 유행병처럼 번져나가고 있다. 호칭만으로 따져보자면 "남매간에 결혼하는 셈"이 되는데 이러한 마당에 오빠에게 깍듯이 높임말을 쓴다는 것 자체가 어색한 상황이다. 이들이 아이를 낳고 나서도 남편을 "오빠"라고 부른다면 그 아이들은 자기네 아버지를 "삼촌"이라고 불러야 한다는 좀 우스꽝스러운 상황이 펼쳐진다. 이런 분위기여서 그런지 아내는 "오빠"에게 투정을 부린다.

"오빠, 내가 밥상이나 차리고 설거지나 하려고 결혼한 줄 알아?"

남녀평등의 시대라고 해서 부부간에 아예 언어와 행동을 터놓고 지내는 사람들이 많이 있다. 특히 젊은 부부들이 때와 장소를 가리지 않고 자기 남편이나 아내를 부를 때 "야" 또는 "아무개야!" 하고 이름을 불러대는 상황에서 남편이나 아내의 위상을 이야기한다든지 아버지의 권위를 찾는다는 것은 연목구어緣木求魚가 아닐 수 없다. 그렇다고 아버지의 권위가 회초리나 엄한 훈계에서 세워지는 것은 아니며 용돈의 액수가 많고 적음에서 세워지는 것도 아니다. 스스로 내가 권위가 있음을 과시한다거나 해서 되는 일은 더더구나 아니다. 조용하지만 절제된 행동과 신중한 말 한마디에서 우러나오는 것이 바로 아버지의 권위이다.

전화위복轉禍爲福

새해가 되면 누구나 새로운 희망과 아름다운 꿈을 가진다. 그래서 사람들의 얼굴에는 화색이 돌고 그 표정에는 자신감이 넘쳐흐른다. 더욱이 지난해 말에 대학입시의 관문을 통과한 사람들에겐 새해의 의미가 더욱 각별할 것이다. 이제 그 지긋지긋했던 입시 준비로부터의 해방과 함께 멋진 대학생활이 기다리고 있을 것이라는 꿈과 희망이 있기 때문이다.

그러나 다른 한편에서는 대학입시에 실패한 사람들의 고통스러운 모습이 우리를 안타깝게 한다. 삶 자체를 비관하는 사람도 있을 것이고 좌절과 허탈감에 빠져서 식음을 전폐하고 고민하는 사람도 있을지 모른다. 그 심정이야 백번 이해가 가지만 지금은 그런 고민을 할 때가 아니라 오늘의 실패를 거울삼아 더 값진 내일의 성공을 창출하기 위한 준비를 해야 할 시간임을 잊지 말아야 한다.

우리는 살아가면서 성패成敗의 경험을 수없이 해야만 한다. 오늘 대학 입시생들이 경험한 실패失敗는 앞으로 경험할지도 모를 많은 실패 경험 중의 하나일 뿐이다. 물론 이러한 경험을 하지 않고 목적을 이룰 수 있다면야 그보다 더 다행스러운 일이 없겠지만, 세상일이 그렇게 "내 뜻대로" 이루어지는 경우는 그리 흔치 않다. 중요한 것은 오늘의 실패를 보는 태도이다. 현명한 사람은 오늘의 실패를 내일의 성공을 위한 계기로 만들려고 하지만 그렇지 못한 사람은 현재 상황을 부정적인 시각으로만 보고 그대로 좌절해버린다.

어느 길을 택할 것인가는 각자의 의지나 사고, 가치관 등에 달렸지만 그러나 이제 새로운 세상을 향해 첫발을 내딛는 사람의 태도는 당연히 오늘의 이 자극이 내일의 성공을 위한 값진 계기가 되어야 할 것임은 자명한 일이다. 그래서 우리는 "실패는 성공의 어머니"라고도 하지 않는가?

"비 온 뒤에 땅이 굳어진다."라는 말은 이들의 가슴에 새겨두어야 할 좋은 말이다. 사람이 살아가는 과정에는 언제나 경쟁이라는 시련이 있으며 이러한 경쟁에서는 성공보다는 실패를 경험하는 경우가 더 많다. 그러므로 한 번의 성공이나 실패에 일희일비一喜一悲하기보다는 실패의 원인을 찾아서 이를 수정 보완하여 전화위복轉禍爲福의 계기로 삼는 슬기가 있어야 할 것이다.

인물人物 고르기

인간은 자신의 감정을 다른 사람에게 드러내 보이지 않으려고 온갖 노력을 다한다. 이러한 노력에는 대개 현실을 부정하거나 왜곡하는 방법이 사용되는데 심리학에서는 이를 방어기제防禦機制라고 한다. Freud의 정신분석 이론에서 나온 용어인데 쉽게 말하자면 자존심을 지켜보려는 필사적인 노력의 하나쯤으로 생각하면 된다.

이러한 방어기제防禦機制 중에 반동형성反動形成이란 것이 있다. 반동형성은 어떤 사람이 자신의 무의식적 감정과 정반대로 행동하는 것을 가리킨다. "빨리 죽어야지."하시는 노인들의 말씀이나 "절대로 시집은 안 간다."는 노처녀의 투정은 우리 주변에서 쉽게 볼 수 있는 반동형성의 예들이다.

특히 올해처럼 선거가 많은 해에는 이러한 기제를 잘 이해해서 출마한 사람들의 숨겨진 감정이나 무의식을 정확하게 이해한다면 훌륭한 인재를 우리의 "참 일꾼"으로 고를 수 있을 것이다.

"빈 수레가 요란하다."라는 속담이 있다. 겉과 속이 다른 사람일수록 말이 많고 행동거지가 소란스러우며 그가 쓰는 말들은 거창하고 추상적이다. 극단적 용어를 구사하는 사람들일수록 그들의 무의식 속에는 그 말과는 정반대되는 "꿍꿍이"가 도사리고 있는 법이다. "목숨을 건다"느니 "분골쇄신"해서 봉사하겠다느니 하는 사람들일수록 그와는 정반대되는 행동을 하고 싶은 욕망도 무의식 속에 잠재해 있다는 것을 정신분석학적 이론은 설명해주고 있다.

정말로 국가와 민족을 위할 사람이라면 자신의 마음을 숨김없이 있는 그대로 보여주고 자신의 의지를 실천으로 보여줄 수 있는 사람이어야 한다. 이런 사람들의 말은 요란하지 않고 간결하며 추상적이기보다는 구체적이어서 한마디 한마디가 우리의 가슴에 그대로 와 닿는다. 그리고 그들의 무의식 속에는 자신의 출세나 영달보다는 "이웃"을 먼저 생각하고 "나라"를 걱정하는 마음이 잠재해 있어 우리를 숙연케 한다.

이번 기회에 국민된 우리의 자존심을 회복하기 위해서라도 "정치꾼"보다는 "정치인"을, "싸움꾼"보다는 "일꾼"을 뽑아야 할 것이다. 우두머리의 안색이나 살펴가면서 눈도장이라도 받아보려고 우왕좌왕하는 사람이 아니라 국민의 뜻을 받들고 국민의 뜻에 따라 소신껏 일을 처리하는 인물을 고르는 일이 바로 나라를 융성케 하는 토대를 마련하는 첩경일 것이다.

계절감각季節感覺

우리는 언제부터인지 계절감각을 잊은 채 떠밀리듯 살아가고 있다. 그래서 “딸기는 어디서 나느냐?”는 선생님의 질문에 “냉장고에서요…”라고 대답하더라는 우스갯소리가 바람처럼 우리 주위를 돌아다니고 있다. 물론 그런 이야기는 누군가가 지어낸 것이어서 한번 듣고 웃어넘기면 그만이긴 하지만 그냥 듣고 웃어넘기기에는 좀 꺼림직한 면을 지니고 있어서 우리로 하여금 여러 가지를 생각하게 한다.

봄이면 진달래꽃이 흐드러지게 피곤 하던 우리 주변의 야산과 냉이를 캐던 들녘은 골프장으로 변해서 사철 파란 잔디가 깔렸고 그 위에서는 대낮에도 "한가한 인간"들의 발길이 끊이지 않고 있다.

송사리 떼가 "왔다 갔다" 하던 노랫말 속의 그림 같은 강은 검게 변해서 이제는 계절과 관계없이 우리를 멀리하고 있다. "사람은 자연보호 자연은 사람보호"라는 말은 그저 홍보용 표어로서만 가치를 지니고 있을 뿐 우리하고는 전혀 상관없는 말이 되어버린지가 오래다.

가정에서도 계절을 잊고 살아간다. 집집이 냉장고 덕에 김장 김치를 한여름까지 보관했다가 먹을 수 있으며 냉방장치 덕에 한여름에도 소매가 긴 옷을 입고 살아가는 사람들이 점점 늘어가고 있는 추세이다. 난방장치가 잘 되어 있으니 집 안에서 솜바지 저고리를 입고 있을 이유가 없다. 그래서 삼복더위가 기승을 부리는 한여름에도 긴 옷으로 몸을 감싸고 있거나 동지섣달에 아이스크림을 사는 것이 하나도 어색하지 않게 되었다.

이렇게 모두 계절을 잊고 살아가기 때문에 우리가 살고 있는 사회도 계절감각을 잊은 채 돌아가고 있다. 비록 소수이기는 하지만 도서관에서 책을 붙잡고 학업에 여념이 없어야 할 학생들은 뜻 모를 울긋불긋한 깃발을 붙잡고 하늘에 주먹질을 해대면서 정치구호나 외치고 있고, 나라를 걱정하고 국사를 논의하는 데 온 정열을 쏟아야 할 정치인들은 잿밥에 더 관심을 쏟으며 세월아 네월아 하면서도 제 밥그릇 챙기는 데에는 열을 올리고 있다. 파당을 지어 이 사람과 싸우고 저 집단과 싸워대는 일로 국회가 조용할 날이 없다.

그래서 한때 아시아의 용龍이라고 불릴 만큼 경이적인 발전을 거듭하여 주변국들뿐만 아니라 세계의 여러 나라가 경외의 눈으로 부러워하기도 하고 두려워하기도 하던 한국은 이제 시궁창의 "지렁이"로 세계의 웃음거리가 되고 있다.

봄에 씨 뿌리고 여름에 땀 흘려 김을 매고 가을에 거두어들여서 긴 겨울 동안 다시 올 봄을 준비하는 계절의 이치에 따라 우리도 빨리 계절감각을 되찾아야 할 때다. 계절마다 해야 할 일과 마쳐야 할 일들이 있으며 그 일이 올바로 이루어지지 않았을 때 우리는 내일을 기약할 수 없기 때문이다.

며느리 마음 시어머니 마음

고부간 갈등의 역사는 인간이 살아가면서부터 양洋의 동서東西는 물론 시대와 장소를 불문하고 끊이질 않는 가정불화의 원인으로 지목되고 있다. 요즈음엔 고부갈등에 관한 박사학위 논문까지 나오는 세상인데 그 논문에서는 아들에게 고부갈등을 줄이려면 "모르쇠"로 일관하거나 어머니 편에 서기보다는 아내의 편을 드는 것이 효과적인 방법"이라고 충고하고 있다. 가정에서도 설 자리가 없어 두 여자들의 눈치를 살피면서 황소 눈을 하고 방황하는 남편의 딱한 모습을 이보다 더 구체적으로 묘사하기도 쉽지 않다. 오늘을 사는 남성들에게는 남에게 보이고 싶지 않은 구석이다.

고부갈등의 역사가 깊다 보니 이에 관한 이야기들도 많고 다양하다. 이제부터 할 이야기는 그런 이야기 중의 하나이다.

예전 어느 마을에 홀어머니를 모시고 살아가는 총각이 있었다. 이 총각의 어머니는 아들의 출세를 위해서 할 수 있는 일은 모두 다하는 정말 훌륭한 어머니였고 아들은 어머니의 정성에 힘입어 혼신의 노력으로 출셋길에 올랐다. 이제 총각은 온 마을에서 부러움의 대상이 되었고 그 어머니 역시 "고생 끝, 행복 시작"이라는 말을 들으면서 새 며느리를 골라 아들을 장가들였다.

그러나 아들 내외가 신혼의 단꿈에 젖어 들면서 사소한 일로 불거지기 시작한 고부간의 갈등은 어느새 걷잡을 수 없이 번져나가기 시작했다. 아들의 처지에서는 이를 수습할 수 있는 한계를 넘었다고 생각하게 된 어느 날 남편은 아내를 밖으로 불러내어 자신의 결단을 알려주고 협조해주기를 청했다.

남편의 이야기를 들은 아내는 "그렇게는 할 수 없다"고 협조를 거부했으나 남편은 다시 아내를 설득하면서 꼭 두 달만 그렇게 하면 "당신은 동네에서 칭찬을 듣게 될 테고 그 비밀은 아무도 모를 것"이라고 하면서 반드시 실행을 해서 목적을 달성한 후에 행복하게 살자고 다짐까지 했다.

그 다음 날부터 시어머니의 진짓상에는 삶은 달걀이 하나씩 올라왔다. 삶은 달걀을 특별히 좋아하는 시어머니는 이상

하다고 생각을 하면서도 맛있게 먹고 아침상을 물렸다. 삶은 달걀은 그 다음 날도 또 그 다음 날도 밥상에 올라와서 시어머니의 마음을 흡족하게 했다. 매일 아침마다 삶은 달걀을 맛있게 먹으면서부터 그동안 밉상으로만 보이던 며느리가 언제부터인가 예뻐지기 시작했고 자연히 목소리도 고와지고 며느리에게 "맛있구나." 하면서 칭찬하는 소리가 아들의 귀에까지 자주 들리게 되었다.

그러던 어느 날, 아내가 남편을 붙잡고 근심 어린 눈빛으로 "여보, 이제 열흘밖엔 안 남았네요." 하면서 눈물을 흘리기 시작했다. 그러나 남편은 "그렇구려. 이제 열흘 후면 우리는 아주 행복해질 거야." 하면서 수고했다는 듯이 아내의 어깨를 두드려주기까지 했다. 이 소리를 들은 아내는 "안 돼요, 어머니를 돌아가시게 할 수는 없어요, 절대로 안 돼요. 오늘부터는 삶은 달걀을 절대로 안 드릴 거예요."하는 것이었다.

시어머니는 또 시어머니대로 아들에게 "정말 장가는 잘 들었구나, 저렇게 착하고 예쁜 며느리가 이 세상에 또 어디 있겠느냐."고 하면서 입에 침이 마르도록 며느리 칭찬을 하였다. 그러자 아들은 어머니께 "아닙니다. 어머니 한 분 편히 모시지 못하는 저런 며느리는 쫓아내는 것이 우리 집안을 위해서 좋습니다." 라고 말하였고, 이 말을 들은 시어머니는 벌컥화를 내면서 "나갈 테면 네가 나가라. 나는 며느리와 살란다." 고 하면서 아들을 나무랐다.

남편과 약속한 두 달이 가까워 오자 아내는 아내대로 남편을 졸라 어머니를 모시고 살자면서 애원을 했고 시어머니는 또 시어머니대로 며느리를 감싸면서 아들을 크게 나무라는 것이었다.

이 이야기의 결말은 해피 앤딩으로 끝난다. 누구의 탓이 아닌 것도 알고 있지만 누구의 편도 들어줄 수 없고 아는척할 수도 없는 지금의 상황이 힘들어서 차라리 죽고 싶다는 생각이 든다는 남편.. 그러나 고부간의 갈등은 결국 인간관계와 관련된 이야기이고 그러므로 해결될 수 있음을 보여주는 예화이다. 상대방의 처지를 이해하고 수용해주는 마음가짐, 잘하는 일 바람직한 행동에 대한 칭찬과 인정 등은 갈등을 해결할 수 있는 명약이다.

Amanda: 두 마음

나를 즐겁게 하는 것들...

잠자리에 들기 전 일기를 쓰는 시간은 나를 즐겁게 한다. 소중한 하루를 보내면서 내가 한 말이나 일들을 되짚어 보고 반성하며 틈틈이 느꼈던 일, 생각했던 일들을 정리하고 난 후에 내일 해야 할 일들을 생각할 수 있는 그 시간은 여유가 있어서 좋다. 이런 시간은 조용할수록 좋고 따뜻한 차라도 한잔 곁들인다면 더없이 편안한 분위기로 바뀐다. 또 혹시나 마음속에 응어리진 것들을 말로 풀지 못했을 때 글로 한 자 한 줄 적어가면서 모든 일이 나의 이기심에서 비롯된 것임을 반성하며 자신에게 용서를 구하고 난 후의 그 후련함 때문에 일기를 쓰는 시간은 내 마음을 홀가분하게 만들어준다. 내일이 있다고는 하나 오늘 일을 깨끗하게 마무리할 수 있어야 밝은 내일을 맞이할 수 있을 것이라는 믿음 때문에 언제나 일기를 쓰는 시간만은 누구에게서도 방해를 받고 싶지 않은 나 혼자만의 시간이기를 바라고 있다.

잠자리에서 일어나 기지개를 켜며 세면장으로 가는 순간이 나를 즐겁게 한다. 새날을 맞이하기 위한 준비 과정이기 때문에 정성 들여서 신변정리를 한다. 수건으로 물 묻은 얼굴을 닦으면서 거울에 비친 내 얼굴을 들여다본다. 거울 속에는 한 늙은이가 나를 빤히 쳐다보면서 간밤엔 잘 잤느냐고 묻는 것 같다. 거울에 비친 그 늙은이는 내게 미소를 지으면서 "이봐요, 젊은이...오늘도 즐겁게 보내시구려......" 하고 말을 건네는 것 같다. 거울 속 늙은이의 배웅을 받으면서 세면장을 나와 바로 시작하는 아침 운동은 내 몸과 마음을 상쾌하게 해주고 온몸을 편안하게 만들어준다. 예전 학창 시절에 스승님께서 "나는 맨손체조로 건강을 지킨다."고 하시던 말씀을 들었을 때만 해도 그 맨손체조의 가치를 모르던 철없던 젊은이였었는데 지금은 내가 맨손체조로 이 아침을 열고 있다. 지금 알고 느끼고 있었던 것을 그때 알았더라면 얼마나 좋았을까를 생각하면서 지난날의 무모했음을 알고 반성을 하고 있으니 늦게나마 철이 든 내가 즐거워할 수밖에 없다.

아내가 준비해준 아침을 먹고 난 후에 설거지를 하려고 싱크대 앞에 서 있는 시간이 나를 즐겁게 해준다. 언제부터인가 아내가 준비해주는 아침상을 받고 나면 이제 설거지는 내가 해야 할 것 같은 의무감이 드는 것을 보니 환갑이 지나야 철이 든다는 말이 마냥 헛소리만은 아닌 것 같다. 지난 40여 년간을 단 한마디 불평도 없이 우리 식구들을 위해 차려준 밥상을 받기만 했던 고마움 때문이기도 하지만 그보다는 내가 철이든 탓이 아닌가 해서 이제는 내가 아내를 위해서 설거지를 하고 싶다. 내 딴에는 열심히 아침을 먹은 접시들을 닦아놓고 나면 가끔 내가 하는 짓이 어설퍼 보이는지 아내는 숙제검사 하듯이 닦아놓은 그릇들을 검사하는데 그때마다 웬만한 주부보다 깨끗하게 잘했다는 칭찬을 듣는 날이면 "나도 아내를 위해서 무엇인가 할 수 있다."는 자부심과 기쁨이 나를 즐겁게 한다.

점심 도시락을 꺼내면서 오늘의 메뉴를 상상해보는 것은 나를 즐겁게 만든다. 뒤늦게 이곳까지 와서 다시 시작한 직장생활이어서 도시락까지 챙겨달라는 부탁이 좀 미안하기는 해도 내게 "할 일이 있다"는 사실 하나만으로도 기분 좋은데 아내의 손길과 사랑이 듬뿍 들어 있는 도시락까지 들고 나오는 출근길은 나를 즐겁게 해준다. 오늘의 메뉴인 햄 세 쪽, 상추와 양파 두 쪽을 넣은 샌드위치는 천상의 요리상이 부럽지 않을 만큼 나를 즐겁게 만들어준다. 이처럼 양식과 한식을 드나들며 지난 40년간 아내에게서 좋은 음식을 대접받고 살았으면서도 그 고마움을 모르고 살았던 철없던 시절이 후회가 되면서도 다른 한편으로는 나야말로 이 세상에서 제일 행복한 사람일 것이라는 자부심이 나를 즐겁게 한다.

예기치 않은 손자, 손녀들의 왁자지껄한 방문은 나를 즐겁게 만든다. 조용했던 집안에 새 활력을 불어넣어 주는 아이들의 웃음소리는 정체되어 있던 우리 집안의 공기마저 상쾌하게 바꾸어놓는 듯하다. 사람들은 "손자, 손녀는 오면 반갑고 가면 더 반갑다."고 말들 하지만 기실 그 본뜻은 "오면 반갑고 가면 섭섭하다."는 뜻을 말로 하고는 싶으나 그렇게 말하면 좀 멋쩍게 느껴져서 이리저리 돌려서 말하는 것일 게다. 친구들의 모임에서 손자자랑 하려면 돈부터 내놓고 하라는 말을 들으면서도 자진해서 돈을 꺼내 들고 손자, 손녀 자랑을 해도 아깝지 않은 할아버지, 할머니가 되어서 즐겁고 그 아이들이 내 자손들임이 자랑스럽기만 하다. 이 아이들이 곧고 바르게 자라서 이 나라와 우리 조국을 위해서 크게 쓰일 날을 기다리는 나의 꿈이 반드시 이루어질 것이라는 기대감은 나를 즐겁게 한다.

태평양 건너 저편에 계신 어머님의 음성을 전화선을 통해서나마 들을 수 있는 시간이 나를 즐겁게 한다. 지금은 병상에서 거동이 불편하신 채 누워계시면서도 오히려 내게 “잘 있느냐”고 물으신다. 외국에서 거는 전화라 요금이 비쌀 것이라는 짐작 때문에 “이젠 전화 자주 하지 말라”고 말씀하실 땐 그 어려웠던 시절에 우리 육 남매를 키우시면서 몸에 밴 근검절약이 오늘 다시 살아나신듯한 느낌을 받곤 한다. 이제는 노환으로 근력이 떨어지시기는 했어도 “아이들 잘 건사하라”고 단호하게 말씀을 하실 때는 젊은 시절의 어머니 모습을 뵙는 것 같아 마음이 흐뭇해진다.

그러나 무엇보다도 즐겁고 흐뭇한 일은 어두운 퇴근길을 재촉하면서 집에 도착했을 때 차고 양옆에 켜져 있는 두 개의 등불을 보는 순간이다. 두 개의 등불은 내가 집으로 무사히 돌아오기를 기다리고 있다는 아내의 신호이기 때문이다. 저녁상을 준비하며 나를 기다리는 아내를 생각하면서 현관문을 열고 집 안으로 들어설 때의 기쁨이 하루 동안의 긴장에서 나를 해방시켜준다. 오늘도 내가 해야 할 일들을 모두 마무리하고 집으로 돌아올 수 있었다는 흐뭇한 성취감이 나의 온몸을 감쌀 때 내가 살아 있음에 감사하고 아주 작은 일이기는 하나 이 사회에 봉사할 힘이 아직도 내게 남아 있다는 자부심이 나를 즐겁게 한다.

어느 지공선생地公先生의 독백獨白

어렸을 적엔 초봄에 돋아나는 새싹을 보면서도 그저 "봄이라 그런가 보다." 하고 넘어갔던 일들이 이제 나이가 들어 다시 맞는 이 봄에는 언 땅을 뚫고 힘차게 돋아나는 새싹들의 모습이 그렇게 부러울 수가 없었다. 매년 봄이 올 때마다 보고 또 겪어오던 일인데도 이전에는 느껴보지 못했던 새로운 일인 것처럼 감동적으로 다가왔다. 아마도 예전에는 이러한 감정을 느낄만한 마음이나 시간적 여유도 없이 앞만 보고 살았던 바쁜 세월이어서 그랬었나 보다. 그렇게 보낸 세월 속에서 아이들은 어느덧 장성하여 자기네 가정을 꾸려 둥지를 떠났으나 뒤에 남겨진 우리 내외는 그 아이들이 쓰던 방문 앞을 지날 때마다 텅 빈 방 안을 기웃거리면서 아이들의 그림자를 찾으려는 듯 발걸음이 느려진다. 금방이라도 어느 방에선가 뛰어나올 것만 같은 아이들은 보이지 않고 빈 정적만이 텅 빈 부모의 가슴속을 파고든다. 세월은 그렇게 흘렀고 그 속에서 나는 한살 두살 나이를 더해갔다.

이제 나를 보는 사람마다 어르신이라고 하는 사람도 있고 할아버지라고 부르는 사람도 있다. 얼마 전까지만 해도 "아저씨"라고 부르는 사람이 가끔 있었지만 주름진 얼굴과 흰 머리카락 때문인지 이제는 호칭이 하나로 통일이 되어가고 있어 나 스스로도 "노인"이라는 말에 아주 익숙해져 가고 있다. 그러나 어린아이들은 예외 없이 "할아버지"라고 부르는데 처음에는 좀 어색하기도 했고 또 쑥스럽기도 했었지만 여러 명의 손자, 손녀가 있는 나를 그렇게 부르는 것이 틀린 말이 아니어서 이제는 편안한 마음으로 그네들이 불러주는 대로 받아들이고 있다. 사실이 그렇다고 하더라도 내 마음은 아직 청년장교 시절의 그 씩씩하던 기백과 기상이 그대로 살아 있다고 믿고 젊은이들처럼 생각하며 행동하고 있으니 남들이 보기에는 늙은이가 주책없다고 수근거릴지도 모르지만 그러거나 말거나 나는 오늘도 거창한 미래를 꿈꾼다. 이런 나를 보고 아내는 아직도 신랑이라고 불러주니 그저 고마울 따름이다.

사회적으로는 65세 이상을 노인... 그것도 고령자라고 본다는 것이 정설인 것 같다. 대체로 이 연령대의 사람들이라면 현직에서 은퇴하고 지하철을 공짜로 탈 수 있다고 해서 붙여진 지공선생地公先生이라는 호를 하나 받아 들고 새로운 삶을 계획하고 있거나 이미 그 계획을 실행하고 있는 사람이라고 보면 틀림없을 것이다. 법적으로 정해진 퇴직연령退職年齡이라고는 해도 아직도 몸과 마음이 멀쩡한 사람에게 나이가 들었기 때문에 "나가야 한다"는 법조문에 따라서 그간에 쌓아온 내공과는 상관없이 "축하한다"는 말을 하며 등을 떠미는 현실이 야속하고 섭섭하기는 해도 현재로서는 이를 그대로 받아들이는 도리밖에 없다.

얼마 전까지만 해도 이처럼 아쉬운 마음을 간직한 채 사회로 나오면 장수長壽하라는 말을 들으면서 그래도 기본적인 존경을 받아오던 노인들이었는데, 이제는 바로 그 장수하는 것 때문에 사회가 노령화老齡化되어간다느니 사회 복지 기금이 바닥이 난다느니 온갖 듣기 거북한 소리가 사방에서 들려오고 있어 이를 듣고 보는 것이 심히 불쾌하기도 하고 때로는 심적 부담을 주기도 한다. 그 덕에 예전에는 청소년들을 주변인周邊人이라고 불러왔었는데 이제는 노인들에게도 "주변인周邊人"이란 말을 써야 할 지경에 이르렀다. 젊은이도 아니고 그렇다고 나이가 너무 많아서 거동이 불편한 것도 아니지만, 이 사회 어느 집단에도 소속되지 못하고 그저 노인이라는 이름으로 이 사회의 주변을 서성거리고 있는 사람들이기 때문이다.

국가 통계포털에 따르면 2011년도에 65세 이상 노인인구의 비율은 전체 인구의 11.3%를 차지하고 있으며 2030년에는 24.3%까지 늘어나게 된다. 이제 네 사람 중 한 사람이 노인이라는 예상을 하게 되는데 문제는 노인들에게는 일자리는 물론이고 마음 편하게 앉아서 담소를 나눌만한 장소도 부족할 뿐만 아니라 마땅히 갈 곳도, 오라는 곳도 없다는 데 있다. 그렇다고 할 수 있는 일거리가 있는 것도 아니어서 별수 없이 이 거리 저 동네를 배회할 수밖에 없는 것 또한 현실이다. 건강이라도 좋으면 남들이 잘 간다는 공원이나 등산이라도 가겠건만 상황이 그럴 형편도 아니라면 할 일 없이 주변을 서성거리는 노숙자들과 다를 게 무엇이란 말인가?

그나마 다행스러운 것은 지하철을 공짜로 탈 수 있는 혜택을 받을 수 있다는 점이다. 그러나 그것도 만 65세가 되어야 가능한 일이어서 조기에 퇴직한 사람들에게는 그림의 떡일 수밖에 없다. 공짜라면 "양잿물도 먹는다"는 게 사람의 마음이라는데 교통수단을 무료로 이용할 수 있다는 것은 노인들에게는 그야말로 큰 혜택이 아닐 수 없다. 여름엔 시원하고 겨울엔 따듯한 실내에서 온종일 눈요기를 하면서 돌아다니다가 퇴근 시간에 맞추어서 집으로 돌아가는 생활이기는 해도 방 안에서 넋을 놓고 면벽을 하고 앉아 있는 것보다는 나은 셈이다. 우선 교통수단이 있으니 인근의 고궁이나 걷기 편한 곳을 찾아 옛일을 회상하면서 걷노라면 나름대로 즐거움도 찾을 수 있다.

이런 처지에 있으면서도 노인들에게는 빼놓을 수 없는 한 가닥 자부심과 자존심이 있다. 과거 젊었던 시절에 오늘의 우리나라를 건설하는 데 작은 힘이나마 보탰었다는 긍지와 함께 젊은이들에게는 "열정과 지식"이 있지만 우리에게는 "경험과 지혜가 있다"는 자부심 때문에 젊은이들의 행동거지를 보면서 바람직하지 않다고 생각되는 점에 대해서는 조언과 충고를 서슴지 않는다. 노인들이 말과 행동을 할 때마다 되새겨보라는 세븐 업seven up 중에서 "입을 다물고 있어야 한다shut up" 는 품위유지를 위한 조항이 있음을 알면서도 어른으로서 당연히 해야 한다는 사명감으로 해주는 충고요 조언이지만 젊은이들은 이를 고맙게 여기기보다는 고깝게 여겨 "나이가 벼슬이냐?"고 목소리를 높이면서 노인들에게 막말을 해댄다.

이런 젊은이들일수록 자신들은 "절대로" 늙지 않을 것처럼 말하고 행동하며 노령 인구의 증가에 눈살을 찌푸린다. 그러나 지금의 노인들도 젊은 시절이 있었고, 그들의 희생과 도전이 있었기에 오늘의 영화가 있다는 것을 젊은이들은 모르고 있으며 지금의 노인세대가 자신의 미래 자화상이라는 사실도 까맣게 잊고 태연자약泰然自若하기만 하다.

나이가 들어 몸은 늙었으되 마음은 아직도 청춘의 굴레를 벗지 못하고 있는 노인들은 언제나 한결같은 마음으로 오늘을 살면서 내일을 계획하고 있다. 꽃을 보면 젊었을 때처럼 단순하게 보고 넘기는 것이 아니라 그 꽃의 아름다움을 입체적으로 보고 느끼며 생각한다. 하나를 보면 열을 헤아릴 수 있는 노인들이야말로 내일을 풍요롭게 구상할 수 있는 지혜도 갖고 있다. 그런 지혜가 뜻있게 쓰일 수 있는 바람직한 사회가 되기를 학수고대鶴首苦待하고 있다.

지난 토요일의 일기日記

잎새가 나기도 전에 꽃을 피워대던 개나리, 진달래도 이제는 다 지고 새잎이 나기 시작했다. 봄이 오는가 했더니 벌써 입에서는 "덥다" 소리가 저절로 나오는 걸 보면 아마도 봄날은 벌써 우리 곁을 떠날 채비를 하고 있었던 것 같다. 그러나 매정하게 떠나는 것이 아쉬운지 봄날의 끝자락은 우리 곁에 남아 초봄에 피우지 못했던 꽃과 새싹들에게 활짝 피기를 재촉하는 듯이 따듯한 햇볕을 아낌없이 내리쪼이고 있고 찔레의 새순은 반듯하게 자란 모습을 뽐내보고 싶은지 하늘을 향해 곧게 돋아 올라오고 있다.

이런 계절의 변화를 보면서 노인들은 눈치 없이 빨리 지나가기만 하는 세월을 야속하게 생각하면서도 "그래, 가는 세월은 잡을 수 없지만 오는 세월은 우리에게도 미래가 있다는 말이잖아?" 하고 자신을 스스로 위로하면서 "동이 트는 아침 햇살도 아름답지만, 서쪽 하늘을 붉게 물들이는 저녁노을도 아름답다."는 말을 되뇌며 또다시 밝아올 내일을 기다린다.

내일이라는 미래가 젊은이들에게만 있는 것은 아니다. 노인들에게도 역시 내일의 의미는 각별하고 그래서 미래는 언제나 기다려지는 희망찬 세월이다. 손자, 손녀들이 자라나는 것을 보며 그 아이들의 장래를 예측해보기도 하고 미래의 일이기는 하지만 손자, 손녀들이 나라와 사회에 우뚝 설 날을 기다리는 할머니, 할아버지의 머릿속에는 희망의 청사진이 그려지고 있다. 이런 청사진 속에 들어 있던 일들 가운데 어느 하나가 이루어지면 제 부모 못지않게 기쁘고 자랑스럽다. 기다리던 미래가 현실로 나타났기 때문이다.

지난 토요일 오후에는 큰 손녀가 "어린이 구연동화 말하기 대회"에 참석을 한다기에 응원차 대회장으로 갔다. 그동안 연습이 너무 힘이 들어서인지 울먹이면서 안 하겠다고 엄살을 떠는 아이를 제 엄마가 입술이 닳도록 독려해가면서 연습을 시켰다기에 기대를 걸고 갔으나 현장에 직접 가서 보니 참가 하는 어린이들의 수가 30여 명이 넘었고 저마다 자신감이 넘치는 모습이어서 걱정이 이만저만이 아니었다. 어린아이를 이렇게 경쟁이 심한 대회에 내보내 공연히 스트레스를 받게 하는 것이나 아닌가 싶어서 걱정도 되었지만, 더 큰 걱정은 만에 하나 입상이라도 하지 못하면 그 어린 것이 받을 마음의 상처를 어떻게 다독거려주어야 하나 하는 생각을 하니 내 마음이 더 불안해서 견딜 수가 없었다.

손녀가 동화 말하기 대회에 나갈 차례가 되었을 때 슬그머니 찾아가서 손바닥을 마주치면서 "하이-파이브"로 격려를 해주었지만 그래도 안심이 안 되었다. 드디어 차례가 되어 손녀가 마이크 앞에 서서 청중을 둘러보면서 그간 준비한 이야기를 풀어나가는 것을 보는 순간 "뭔가 되겠구나" 하는 믿음이 생겼다. 시간이 조금씩 지나면서 자신감이 생겨나는지 얼굴에는 미소까지 띤 채 침착하게 이야기를 계속해가는 모습은 내가 걱정했던 것과는 전혀 딴판이었다.

동화 말하기를 마치고 손녀는 제 부모를 따라 여행을 떠났다. 봄방학을 맞아 홀가분하게 떠나려던 여행이 동화구연대회 참석으로 잠시 지연되기는 했었으나 이제 그것까지 마쳤으니 대회 결과야 나 몰라라 하면서 정말 날아갈 듯한 기분으로 여행을 떠났다. 그러나 녀석의 부탁을 받은 우리 내외는 그 동화구연대회가 끝날 때까지 남아서 결과를 기다렸다.

시상식을 알리는 방송이 나오고 이어서 결과를 발표하는 순서가 되었을 때 "우수상" 하고 녀석의 이름이 불리는 순간 그동안 내 가슴을 짓누르고 있던 걱정거리가 모두 날아가 버린 느낌이었다. 즉시 전화를 꺼내 들고 여행길을 달려가고 있는 손녀에게 입상 소식을 알려주었더니 차 안에서 환호하는 소리가 내 귀에까지 들리는듯했다. 아마 이번 여행길만큼 재미있고 자랑스러웠던 날도 없었을 거라는 생각이 들었다. 그런 소식을 전해주는 나도 기쁘고 자랑스러웠었지만, 그 소식을 들은 제 부모나 녀석은 얼마나 뿌듯했을까?

이제 일상으로 돌아온 손녀는 다시 학교에서 공부하기에 바쁘지만 그 기쁘고 자랑스러웠던 짧은 기억은 아마 오래 간직할만한 추억거리로 머리에 남아 있으리라고 믿는다. 이번과 같은 결과는 모든 일에 온 힘을 다하면 반드시 좋은 결과를 얻을 수 있다는 것을 경험적으로 얻은 귀중한 배움일 뿐만 아니라 앞으로 자신의 앞날을 개척해나가는 데 꼭 필요한 밑거름이 되리라고 믿고 있다.

이러한 기쁨과 산 경험은 상을 받은 한 사람에게만 그치는 것이 아니라 제 형제들과 부모는 물론 할머니, 할아버지에게까지도 더 크고 아름다운 꿈을 꾸게 하는 소중한 경험이다. 자신에게는 성취의 기쁨을 그리고 형제들에게는 "하면 된다."는 자신감을 갖도록 해주며 부모들에게는 보람을 느끼게 해준다.

하늘을 향해 곧게 그리고 힘차게 솟아오르는 찔레의 새순처럼 씩씩하게 자라는 아이들의 미래를 지켜보는 일은 할머니, 할아버지에게 빠른 세월을 원망하게 하는 것이 아니라 녀석들이 이룰 "미래의 성취"를 하루라도 빨리 보고 싶은 충동을 일으키게 하는 희망의 세월이 아닐 수 없다.

바로 그런 이유 때문에 지난 토요일의 기쁨은 내일을 기다리는 내 마음을 더 설레게 한다.

■ 저 · 자 · 소 · 개

이규성 교수는….

성균관대학교를 졸업한 후에, 공군 학사장교로 입대하여 국방의무를 마치고는 다시 학교로 돌아가 대학원에서 교육심리학을 공부하면서 서울대학교 학생지도연구소에서 상담전문가 훈련을 받은 후 한국행동과학연구소에서 연구원 겸 아동상담실 카운슬러로 근무하였다. 1979년에 부산여자대학교(현 신라대학교) 전임교수로 부임한 이래 30여 년간 후진양성에 매진하다가 2010년 2월에 정년퇴직하였다.

신라대학교에 근무하면서 미국 Maryland대학교 대학원(1982-1985)에서 상담심리학(Counseling Psychology)을 공부하였고 Indiana 주에 있는 University of Notre Dame 심리학과에 교환교수(1994-1997)로 근무하는 동안 학문영역을 넓히면서 학해무변(學海無邊)의 깨달음을 얻기도 하였다.

정년퇴직 후 미국으로 이주하여 현재 워싱턴 가정상담소에서 청소년과 성인상담, 부모교육프로그램을 담당하는 카운슬러로서 그리고 워싱턴문인회 신인문학상 수필부문(2012)에 등단한 수필가로서 새로운 삶을 개척해나가고 있다.

지난날 대학에서 "진로지도와 상담"이라는 과목을 강의하면서 강조했던 "준비된 자만이 기회를 잡을 수 있다."는 말을 실천에 옮겼다는 즐거움을 만끽하고 있다.

굼벵이도
뒹구는 재주는 있다.

2012년 9월 5일 1판 1쇄 인쇄
2012년 9월 10일 1판 1쇄 발행

저 자 : 이 규 성
발행인 : 김 동 규
발행처 : 교육과학사

저자와의
협의하에
인지생략

주 소 : 경기도 파주시 교하읍 문발리
파주출판문화정보산업단지
514-5
전 화 : (031)955-6956~8
팩 스 : (031)955-6037
등 록 : 1970년 5월 18일 제2-73호
이메일 : kyoyook@chol.com
홈페이지 : www. kyoyookbook.co.kr

잘못된 책은 바꾸어 드립니다.
Printed in Korea.

정가 16,000원
ISBN 978-89-254-0599-5